Max Ehr

Beiträge zur Kirchen- und Schulverfassung des Herzogtums Gotha bis zum Tode Ernst's des Frommen im Jahre 1675

Max Ehr

Beiträge zur Kirchen- und Schulverfassung des Herzogtums Gotha bis zum Tode Ernst's des Frommen im Jahre 1675

ISBN/EAN: 9783744708500

Hergestellt in Europa, USA, Kanada, Australien, Japan

Cover: Foto ©ninafisch / pixelio.de

Weitere Bücher finden Sie auf **www.hansebooks.com**

Beiträge
zur
Kirchen- und Schulenverfassung
des
Herzogtums Gotha
bis zum
Tode Ernst's des Frommen im Jahre 1675.

Inaugural-Dissertation

zur

Erlangung der philosophischen Doctorwürde

vorgelegt der

hohen philosoph. Fakultät

der

Königl. Friedrich-Alexanders-Universität zu Erlangen

von

Max Ehr

aus Tarnowitz, Schlesien.

Breslau
Druck von Adolf Stenzel, vorm. Brehmer & Minuth
1891.

Meinem lieben Schwager

dem

Apothekenbesitzer Paul Fiebag

in Leschnitz O.-S.

in Dankbarkeit gewidmet.

Wie wir aus den authentischen Berichten bei Brückner[1] und Gelbke[2] ersehen, reichen die ersten Anfänge und Bestrebungen zur Gründung eines Volksschulwesens im Herzogtum Gotha ins Zeitalter der Reformation zurück. Allerdings werden schon vor der Reformation im Herzogtum Gotha Schulen erwähnt; so wird nach C. Kehr[3] bereits im Jahre 1299 eine Schule mit der Margaretenkirche in Gotha verbunden genannt, welch' letztere nach Caspar Sagittarius schon im Jahre 1254 nachweisbar ist. Letzterer bemerkt:

„Quando templum illud (sc. S. Margaretae) fuerit conditum, nondum ex tot scripturis antiquoribus habui exsculpere. Anno tamen CIOCCLIV jam stetisse, Gerhardi Archiepiscopi Moguntini quodam privilegio, monasterio S. Crucis dato, colligo."

Die Thüringische Chronik vom Jahre 1725 hingegen bemerkt:[5] „Anno 1005 ist Gothardus zum Abt zu Hirschfeld erwählet worden, welcher der Stadt viel Gutes erwiesen, ...

---

[1] [Brückner], Sammlung verschiedener Nachrichten zu einer Beschreibung des Kirchen- und Schulenstaats im Herzogthum Gotha, Bde. I, II u. III. Gotha 1753, 1758 u. 1760.

[2] Joh. Heinr. Gelbke, Kirchen- und Schulen-Verfassung des Herzogthums Gotha. Thle. I u. II, 1 u. 2. Gotha 1790, 1796 u. 1799.

[3] C. Kehr in K. A. Schmid's Encyklopädie des gesamten Erziehungs- und Unterrichtswesen. 7. Bd. Gotha 1869. Artikel: Sächs. Herzogtümer. S. 486.

[4] Casp. Sagittarii Historia Gothana, Jenae 1713. S. 219. Vgl. auch: Frid. Rudolphi, Gotha Diplomatica, Frankf. a. M. u. Leipz. 1717. Thl. III. S. 41.

[5] Alte und Neue Thüringische Chronicka oder curieuse Beschreibung der vornehmsten Städte, Residentzen etc. in der Landschaft Thüringen. Frankf. u. Leipz. 1725. S. 169.

und kan seyn, dass damahlen S. Margarethenkirche-Kirche mit erbauet worden, denn bishero nur S. Jacobs Capelle, so gegen dem alten Rath-Hause lag, in der Stadt gestanden." Wenn der Verfasser der Thüring. Chronik v. J. 1685 berichtet:[6] „Anno 1494 sol die Margreten Kirche | Anno 1510 aber derselbe Turm zu bauen angefangen worden seyn", so hat er offenbar nicht den ersten Bau der Margaretenkirche im Auge, sondern den Neubau derselben, dessen Anfang Rudolphi[7]) ins Jahr 1510, Myconius[8]) ums Jahr 1510 setzt, während Galletti[9]) berichtet, dass im Jahre 1494 ein neuer Chor an der Margaretenkirche gebaut, und erst ums Jahr 1510 ein neuer Bau der Margaretenkirche übernommen worden sei.

Jedoch findet bei Sagittarius[10]) schon im Jahre 1292 ein gewisser „Theodoricus rector et informator parvulorum ibidem" (sc. Gothae) Erwähnung (als „testis" eines zwischen Eberhard von Malsleben und Conrad von Bufleben geschlossenen Vertrages, der sich bei Rudolphi[10]) und Galletti[10]) wiederfindet). Derselbe Theodoricus wird im Jahre 1295[11]) wiederum angeführt unter dem Titel: „rector scholarium ibidem" (sc. Gothae), desgleichen im Jahre 1296[12]) als „magister Theodoricus, rector parvulorum in Gotha". Geht aus diesen Bemerkungen bei Sagittarius zur Genüge hervor, dass schon 1292 eine Schule in Gotha nachweisbar ist, welche offenbar identisch mit der von Kehr im Jahre 1299 erwähnten ist, so werden wir durch weitere Berichte bei Sagittarius, die allerdings zu seinen genannten Aussagen in richtigen Vergleich zu bringen sind, auf eine noch frühere Zeit

---

[6]) Merkwürdige und auserlesene Geschichte von der berühmten Landgrafschaft Thüringen in 33 Capiteln. Anno 1685. S. 303. Der anonyme Verfasser ist Pfefferkorn.

[7]) Rudolphi a. a. O. III, 43.

[8]) Frid. Myconius, Historia Reformationis, ed. Cyprian, Gotha 1715. S. 122.

[9]) Joh. Georg Aug. Galletti, Geschichte und Beschreibung des Herzogthums Gotha. Gotha 1779—81; 4 Bde.; Bd. II, S. 202.

[10]) Sagittarius a. a. O. S. 94; Rudolphi a. a. O. III, 30; Galletti a. a. O. II, 25.

[11]) Sagittarius a. a. O. S. 98.

[12]) Sagittarius a. a. O. S. 99.

als das Jahr 1292 geführt, in dem sich eine Schule in Gotha
nachweisen lässt. Sagittarius schreibt:[13]) „Jam medio seculo XV.
Schola ad acdem S. Margaretae erat fundata;[14]) cuius Rector an.
CIƆ CCCC L XXVIII Conrodus quidam, et an. XCII et sequenti-
bus fuit Theodoricus. Conradus ille Rector parvulorum vocatur.
Item Conradus wie in den freyen Künsten | auch derselben
Kirchen jetz und Schulmeister. Sic Theodoricus audit Rector
et informator parvulorum in Gotha: nec non, Rector scholarium."
Vergleichen wir diese Worte mit den früheren Berichten des
Sagittarius, wonach Theodoricus unter demselben Titel im Jahre
1292 angeführt wird, so ist offenbar, dass Sagittarius an dieser
Stelle ein nachträgliches chronologisches Versehen sich hat zu
schulden kommen lassen, wobei der letztgenannte Zeitpunkt mit
dem früheren genau um 200 Jahre differiert. Wir können
andererseits aus der nunmehr richtig gestellten Angabe den be-
rechtigten Schluss ziehen, dass bereits im Jahre 1278 eine Schule
bei der Margaretenkirche in Gotha vorhanden gewesen ist, und
dass zu dieser Zeit ein gewisser Conradus Schulmeister war.

Im Jahre 1327 hatte nach Kehr[15]) die Stadt Gotha bereits
zwei Schulen, die eine bei der Margaretenkirche, die andere
bei der im Jahre 1530[16]) auf Befehl des Churfürsten Friedrich I.
abgebrochenen Marienkirche am Schlossberge Grimmenstein.[17])

---

13) Sagittarius a. a. O. S. 229.
14) Diesem Berichte schliesst sich an Brückner a. a. O. III, 5, 1. Anmerk.
und nach ihm Christ. Ferd. Schulze (ehedem Gymnas.-Prof. zu Gotha) in s.
„Geschichte des Gymnasiums zu Gotha". (Gotha 1824.) S. 17. Anmerk. 20.
15) Kehr in Schmid's Encykl. 7, 486.
16) Sagittarius a. a. O. S. 30 u. 51; Rudolphi a. a. O. I, 166 u. III, 27.
17) Wann die Festung Grimmenstein erbaut worden ist, darüber herrschen
die verschiedensten Nachrichten. Nach Myconius (a. a. O. S. 124) und der,
Thür. Chronik v. J. 1685 (S. 302) hat sie schon im 6. Jahrhundert bestanden,
welchem Berichte sich auch Sagittarius (a. a. O. S. 28) anschliesst, während
Rudolphi (a. a. O. II, 1 f.) mutmasst, dass sie das erstemal von Kaiser Heinrich IV,
also um die Mitte des 11. Jahrhunderts, erbaut worden sei, und die Thüring.
Chronik v. J. 1725 (S. 168) einer alten Tradition gemäss berichtet, dass sie schon
12 Jahre vor Christi Geburt gegründet wurde. Vergl. auch Galletti a. a. O.
II, 152 ff.

Sagittarius berichtet:[18]) „Ex quo castrum Grimmensteinium a Landgraviis incoli coeptum, aedes quoque sacra in eo fuit condita, ac S. Mariae dicata".

Dieses „incolere castrum" von seiten der Landgrafen begann aber, soweit wir es aus den diesbezüglichen Angaben bei Sagittarius[19]) und bei Rudolphi[19]) entnehmen können mit der Zeit, als die Landgrafen von Meissen in Thüringen zur Herrschaft kamen (d. i. nur im östlichen Teile von Thüringen, denn aus dem westlichen ging die Landgrafschaft Hessen hervor), also seit dem Regierungsantritt des Landgrafen Heinrich des Erleuchteten im Jahre 1242.[20]) Wir können mithin auch die Gründung der Marienkirche in Gotha um die Mitte des 13. Jahrhunderts verlegen.

Nachdem 1344[21]) die Marienkirche zur Domkirche geworden, indem die bisher in Ohrdruff ansässigen Canonici „cum eisdem juribus, consuetudinibus, libertatibus, honoribus et privilegiis, quibus in Ohrdorff" auf Veranlassung der Landgräfin Elisabeth und des Landgrafen Friedrich („mit dem Biss") in Gotha an der Marienkirche sich niederliessen, ist die letztgenannte Schule unter die Leitung der Canonici getreten. Sagittarius giebt ein Verzeichnis, von Canonici,[22]) welche seit der Mitte des 14. Jahrhunderts an der Marienkirche residierten. Unter diesen finden sich auch einige „Scholastici", worunter besonders hervorgehoben werden „Peter der Schulmeister" und Johannes Brodkorb, Scholasticus, „der würdige und Erbare Herr | Johannes Brodkorb | Thum-Herr und Schulmeister zu unser L. Frauen" 1492.[23])

Die später nochmals erwähnte Lateinschule, von der es nach Kehr[24]) zweifelhaft ist, ob es die schon genannte Margareten-

---

[18]) Sagittarius a. a. O. S. 39; vergl. auch Brückner a. a. O. I, 1 f.
[19]) Sagittarius a. a. O. S. 28f; Rudolphi a. a. O. II, 2.
[20]) Dessen Belehnungsurkunde von Kaiser Friedrich II findet sich bei Rudolphi, Gotha Dipl., in den zum Teil V gehörigen Dokumenten, S. 195 f.
[21]) Sagittarius a. a. O. S. 40 ff.; Rudolphi a. a. O. I, 31 u. III, 27.
[22]) Sagittarius a. a. O. S. 46 f.; vgl. auch Galletti a. a. O. I, 172 f.
[23]) Joh. Brodkorb wird bei Sagittarius (S. 246) schon i. J. 1480 erwähnt: „rector scholae vocatur, der Regent oder Kinder-Meister".
[24]) Kehr in Schmid's Encykl. 7, 486.

schule sei, wird offenbar keine andere als diese gewesen sein, da Myconius[25]) in seinem Bericht über die Gründung der Kirchen und Schulen in der Stadt Gotha sagt, dass Gotha „zwu Schulen voller Knaben" gehabt, welchem Berichte sich auch Brückner,[26]) Galletti[26]) und Gelbke[26]) anschliessen.

Ebenso war in Ohrdruff, wo Bonifaz das erste Kloster in Thüringen gründete,[27]) schon frühzeitig eine Schule mit dem Chorherrnstift verbunden gewesen. Desgleichen lassen sich schon vor der Reformation Schulen nachweisen zu Waltershausen (um 1496 Schulmeister Wendelinus von Elxleben), zu Friemar (um 1515 Schulmeister Stigelius), auch zu Tambach soll neben einer Knabenschule schon frühzeitig eine Mägdeleinsschule bestanden haben.[28]) Der Schulbesuch war jedoch sehr mangelhaft, der Gehalt der Lohrer in der Regel sehr gering.[29]) Doch waren die bisher bezeichneten Schulen keineswegs Volksschulen in unserem Sinne, sondern lediglich Kloster- und Domschulen oder auch mittelalterliche Bürgerschulen, an denen Klostergeistliche Unterricht hauptsächlich in Religion und Latein erteilten. Die Weltgeistlichen bekümmerten sich um das Schulwesen wenig, zumal sie im Anfang der Reformation häufig ungelehrte Handwerker waren. So berichtet Tenzel:[30]) „inveni in Schedis Sagittarianis

---

[25]) Myconius a. a. O. S. 100.

[26]) Brückner a. a. O. III, 5, 1 Anmerk.; Galletti a. a. O. I, 243 u. II, 192; Gelbke a. a. O. I, 69.

[27]) Rudolphi a. a. O. I, 135. Nach der Thür. Chron. v. J. 1685 (S. 63 u. 355) stiftete Bonifaz 724 das erste Kloster in Thüringen; nach der Thür. Chron. v. J. 1725 (S. 309) soll Bonifaz „um das Jahr Christi 727 die Capelle zu S. Michael samt dem Kloster hier erbauet, und Mönche darein gesetzt haben;" letzterem Bericht schliesst sich auch Gelbke a. a. O. II, 2, 580 an.

[28]) Brückner a. a. O. II, 2, 20; Thür. Chron. v. J. 1725. S. 150; Galletti a. a. O. III, 30; Gelbke a. a. O. II, 1, 213; vgl. auch Rudolphi a. a. O. III, 334. Zu Friemar wurde 1515 der jenaische Professor und lateinische Dichter M. Johann Stigel, als Sohn des dortigen Schulmeisters, geboren. Rudolphi's Angabe, dass M. Johann Stigel zu Gotha geboren, ist jedenfalls unrichtig.

[29]) H. Gräfe's deutsche Volksschule etc. 3 Bände. Jena 1878/79; vgl. Bd. 3. S. 213.

[30]) Wilh. Ern. Tenzelii Supplementa (II—IV) Historiae Gothanae (v. 1440 bis 1700). Jenae 1716. S. 804; vgl. auch Rudolphi a. a. O. I, 162 u. Galletti a. a. O. I, 240.

fragmentum Apologiae eius an. CIƆIƆLXIII scriptae, quo docemur multos initio Reformationis Ecclesiarum Pastores antea opifices fuisse." So war der Pfarrer zu Molschleben ein Knochenhauer, der zu Wigleben ein Leineweber, der zu Warza ein Böttcher u. s. f. Mit dem Beginne der Reformation wurden, wie gesagt, die ersten Versuche zur Gründung eines Volksschulwesens im Herzogtum Gotha gemacht. Luther selbst hatte durch Predigten auf die Einführung der Reformation in Gotha gewirkt. Schon als er im Jahre 1516 als Stellvertreter Staupitzens die Klöster Thüringens besuchte und dann nach Gotha gekommen war, hatte er durch seine Predigten über den Ablass grossen Beifall unter den Mönchen dieser Stadt gefunden.[31]) Im Jahre 1521 predigte Luther auf seiner Durchreise nach Worms abermals mit grossem Erfolge. Tenzel erzählt:[32]) „Anno CIƆIƆXXI (non praecedenti, qui apud Sagittarium nostrum pag. 423 irrepsit) Lutherus Wormatiam abiturus Gothae in aede Augustiniana sermonem sacrum habuit, Diabolo e pinna templi saxa aliquot extorquente." Als nun im Jahre 1523 die Bürger Gothas einen Aufstand gegen die im Rufe arger Sittenlosigkeit stehenden Geistlichen machten,[33]) da baten Senat und Volk den Herzog Johann den Einfältigen, der im Verein mit seinem Bruder Friedrich dem Weisen regierte, um Abschaffung der Missstände und Einführung der Reformation. Und so wurde Friedrich Myconius (geb. 1491, gest. am 7. April 1546) den 5. August 1524 als Pfarrer nach Gotha berufen. Sagittarius berichtet über ihn:[34]) „quamvis eius sermones primo Papismum redolerent, magis tamen magisque a Spiritu S. accedentibus Lutheri scriptis, confirmatus, primus in Thuringicis Ecclesiis Papatui contradixit." Besonderen Eindruck auf Myconius

---

[31]) Tenzel a. a. O. S. 710.
[32]) Tenzel a. a. O. S. 714; vgl. auch Myconius a. a. O. S. 38.
[33]) Sagittarius a. a. O. S. 423 f; Tenzel a. a. O. S. 732; Rudolphi a. a. O. I, 148; Myconius a. a. O. S. 118.
[34]) Sagittarius a. a. O. S. 170; vgl. auch Tenzel, Hist. Goth. Suppl. III, S. 85 ff: „Selectiores ad D. Frid. Myconium conscriptae quondam epistolae a M. Cyriaco Snegassio"; Galletti a. a. O. II, 271; Brückner a. a. O. I, 1, 41 u. I, 1, 85 ff. (Auszug aus der Leichenrede des Justus Menius auf Myconius); Myconius a. a. O. S. 70. Schulze a. a. O. S. 15 f.

machte Luthers „Schrift an die Rathsherrn aller Städte Deutschlands, dass sie Christliche Schulen aufrichten und halten sollen" (1524), worin Luther die Stiftung von Schulen der Obrigkeit anempfiehlt, um tüchtige Leute für Kirche, Schule und weltliches Regiment zu erziehen.[35])

Bald nach seiner Amtseinführung in Gotha setzte es sich Myconius zur Aufgabe, das Schulwesen daselbst zu organisieren. Auf seine Veranlassung wurde die Schuljugend der Stadt Gotha, welche teils im Stifte, teils hinter der Margaretenkirche ihre besondere Schule hatte, in das Augustinerkloster (im Jahre 1524) eingeführt.[36]) Myconius wurde der Gründer des gothaer Gymnasiums. Er selbst berichtet:[37]) „Es hat unglaublich Arbeit kostet, aus dem alten, verspureten, zermalmeten, faulen Holtz ein neues Haus zu erbauen: Aber Du lieber Gott! gieb, dass es die Posteri erhalten. Concurrimus, certavimus, laboravimus, pugnavimus, vicimus et viximus semper conjunctissime et amicissime . . . . . O! Domine Deus, autor charitatis et pacis, conserva haec bona tua, quae operatus es in nobis!"

Melanchthon hatte im Juni 1527 eine Visitation mit mehreren Theologen im thüringischen Landesteile vorgenommen und auf grund der dabei gewonnenen Erfahrungen einen „Unterricht der Visitatoren an die Pfarrherrn im Kurfürstenthum Sachsen"[38]) ent-

---

[35]) Luther sagt darin: „Liebe Horrn, muss man jährlich so viel wenden an Büchsen, Wege, Stege, Dämme und dergleichen unzählige Stücke mehr, damit eine Stadt zeitlichen Frieden und Gemach habe; warum sollte man nicht vielmehr doch auch soviel wenden an die dürftige, arme Jugend, dass man einen geschickten Mann oder zweene hielte zu Schulmeistern . . . . Ja, was sollen die Schulen, so man nicht soll geistlich werden? Die wir doch wissen oder ja wissen sollen, wie ein nöthiges und nützliches Ding es ist, und Gott so angenehm, wo ein Fürst, Herr, Rathsmann, oder was regieren soll, gelehrt und geschickt ist, denselben Stand christlich zu führen . . . . . Dass die Männer wohl regieren könnten Land und Leute, die Frauen wohl ziehen und halten könnten Haus, Kinder und Gesinde." Vgl. Karl von Raumer, Geschichte der Pädagogik. Bd. I. (Stuttg. 1857) S. 145 ff.

[36]) Myconius a. a. O. S. 54; Gelbke a. a. O. I, 153.

[37]) Myconius a. a. O. S. 54.

[38]) Über den Charakter dieser Schrift vgl. Joh. Heinr. Kurtz, Lehrbuch der Kirchengeschichte für Studierende (Leipzig 1885.) § 127, 1.

worfen, welchen Luther anfangs 1528 herausgab. Demnächst wurde eine Instruction für die Visitatoren selbst entworfen, und auf Grund derselben die Visitation in den Jahren 1528/29 bewerkstelligt. Das ganze kurfürstliche Gebiet war unter vier Kommissionen aus weltlichen und geistlichen Gliedern verteilt; Luther bekam den Kurkreis; Melanchthon sollte das begonnene Werk in Thüringen fortsetzen. Die Lehrer in Kirchen und Schulen wurden über die gedeihliche Führung ihres Amtes unterwiesen und zur ferneren Beaufsichtigung derselben Superintendenten eingesetzt, ausserdem die umfassendsten Massregeln zur Gründung neuer Schulen getroffen.[39]) Myconius berichtet:[40]) „Anno 1528 ward die erste Visitation und Bestellung oder Pfarren, im Fürstenthum zu Thüringen angefangen, die ungeschickten, ungelerten Pfarrer abgefertiget und versorget, andere an ihre Statt geordnet, und die Pfarren mit Zulag und Besserung versehen." Namentlich waren es die Kurfürsten Johann Friedrich und Johann Wilhelm, welche die Bestrebungen des Myconius eifrigst unterstützten und die Klostereinkünfte zur Besserung von Kirchen und Schulen verwenden liessen. Tenzel schreibt:[41]) „Praeterea visitatoribus petentibus, ab Electore totum Coenobium Augustinianum cum omnibus suis aliorumque quorundam Vicariatuum reditibus Senatui Gothano elocatum est, ea lege, ut hi ad meliorem Ministrorum Ecclesiae Scholaeque sustentationem bona fide collocarentur, et quotannis ratio redderetur." Es war dies: „Churfürst Johannis erste Visitations-Ordnung oder Confirmation der Ueberlassung des Augustinerklosters zur Schule und dessen Einkommens zur Bewirthumung der Kirchen- und Schuldiener, Weymar Sonntags Reminiscere 1529."[42]) Die sächsische Kirchenordnung, welche aus dieser Visitation hervorging, wurde nun

---

[39]) Kurtz a. a. O. § 127, 1.
[40]) Myconius a. a. O. S. 89; vgl. auch Sagittarius a. a. O. S. 424; Tenzel a. a. O. S. 738; Rudolphi a. a. O. I, 151; Thüring. Chron. v. J. 1685 S. 110; Galletti a. a. O. II, 72 u. 166; Brückner a. a. O. III, 6, 1; Gelbke a. a. O. I, 153.
[41]) Tenzel a. a. O. S. 739; vergl. auch Rudolphi a. a. O. III, 37 f (d. Schenkungsbrief).
[42]) Gelbke a. a. O. I, 95.

das Muster für die Organisation auch der übrigen evangelischen Landeskirchen, und die um dieselbe Zeit (1529) erscheinenden Katechismen Luthers dienten zur Verbreitung der „Kinderlehre".[43])

Die weiteren hauptsächlichsten Kirchen- und Schulvisitationen im Herzogtum Gotha bis Anfang des 17. Jahrhunderts waren: Im Jahre 1534;[44]) als Visitatoren wurden genannt: Myconius, Justus Menius,[45]) Georgius von Wangenheim und Johannes Cotta. Es wurden Massregeln getroffen für die Verwaltung und Verwendung der zur Hebung des Kirchen- und Schulwesens verliehenen Klostergüter, über das Diensteinkommen der Pfarrer und Schulmeister in der Stadt Gotha, deren Wohnungsverhältnisse, über die jährliche Dienstbewerbung der Schulmeister u. s. f. Es war dies „Churfürst Johann Friedrichs zu Sachsen zweyte Visitations-Ordnung, oder Churfürstliche Verordnung durch die Visitatores, wie das Einkommen des Augustinerklosters unter die Kirchen- und Schuldiener allhier vertheilet werden soll, Eisenach, Montags nach Visitationis Virginis Mariae. Ao 1534."[46])

Im Jahre 1544;[47]) auf Verordnung des Churfürsten Johann Friedrich und seines Bruders Johann Ernst erfolgte behufs Unterhaltung des Kirchen- und Schuldienstes eine „General-Confirmation", „darinnen ausführlicher Befehl von dem gantzen Ministratur-Wesen | als der Kirchen | und Schul-Diener | auch des Collectoris Bestellung | Besoldung und dergleichen beschehen." Für die Vermehrung der Lehrerzahl an der Klosterschule wurde Sorge getragen und verordnet, dass an derselben vier statt drei

---

[43]) Kurtz a. a. O. § 127, 1; vgl. auch Karl Schmidt, Geschichte der Pädagogik. Bd. 3. (Cöthen 1870) S. 182.

[44]) Sagittarius a. a. O. S. 426; Tenzel a. a. O. S. 752; Thüring. Chron. v. J. 1685 S. 110; Rudolphi a. a. O. I, 151; Brückner a. a. O. I, 1, 48 u. III, 6, 1; Galletti a. a. O. II, 75 ff.

[45]) Brückner I, 2, 179 ff; I, 3, 280 ff u. I, 4, 85 ff („Annales Meniani").

[46]) Gelbke a. a. O. I, 69 u. 95.

[47]) Rudolphi a. a. O. I, 151 ff; Sagittarius a. a. O. S. 427; Tenzel a. a. O. S. 752; Gelbke a. a. O. I, 69 f u. 95; Galletti a. a. O. II, 81 ff; diese Verordnung, welche sich ihrem ganzen Umfange nach bei Rudolphi a. a. O. I, 152 ff abgedruckt findet und hauptsächlich auf Veranlassung des Myconius erlassen wurde, enthält, wie Schulze a. a. O. S. 26 sagt, don Grund zur gegenwärtigen Verfassung des gothaischen Kirchen- und Schulwesens.

Lehrer angestellt sein sollten, nämlich ein Oberschulmeister, der zu Wittenberg Magister geworden, ein Oberbaccalaureus, ein Cantor und ein Unterbaccalaureus. Wiederum wurden Verordnungen erlassen hinsichtlich des Einkommens (an Geld und Naturalien) der Lehrer, ihrer Wohnung, jährlichen Dienstbewerbung u. s. f. Es war dies: „Churfürst Johann Friedrichs neue Constitution und Confirmation in Betreff des Einkommens der Kirchen und Schulen in Gotha etc. Weymar, Montags nach dem heiligen Pfingsttage 1544."

Im Jahre 1572[48]) wurde „nachdem auch der Raht zu Gotha wegen etlicher Gebrechen der Schulen an Hertzog Johann Wilhelm suppliciret | und gebeten Visitatores und Commissarios dahin zu verordnen" auf fürstlichen Befehl eine Schulvisitation von Johann Wigand, Superintendent und Professor in Jena und Bartholomäus Rosinus, Superintendent in Weimar, abgehalten und eine „Neue Ordnung der Schule und Oeconomie zu Gotha, am 10. October 1572" durch genannte Visisatoren festgestellt, wobei für das höhere und niedere Schulwesen Massregeln getroffen wurden. „In der teutschen Schule ist mit den ungeschickten, gebrechlichen und faulen Schulmeistern Aenderung getroffen worden | nebst etlichen Zusätzen, wie Knaben und Mägdlein in Kirchen und Schulen anzuführen."

Im Jahre 1573[49]) veranstaltete Churfürst August im ganzen Fürstentum Sachsen eine Visitation, an der sich hauptsächlich D. Stöffel beteiligte, wobei Melanchthons corpus doctrinae den Geistlichen zur „norma" vorgelegt („und welches solches nicht annehmen können oder wollen | abgesetzt worden | so hat solche remotion auch den ehrlichen Superintendent Weydemann zu Gotha betroffen"). Infolge der Klagen der Visitatoren, dass die Schulen, welche doch „seminaria Ecclesiae et Rei publicae" sein sollen, durch die Schuld der Geistlichen, Lehrer und Eltern in Verfall geraten seien, wurde die „Ratio administrandi scholas

---

[48]) Rudolphi a. a. O. I, 163 f; Sagittarius a. a. O. S. 430; Tenzel a. a. O. S. 854f; Gelbke a. a. O. I, 70 u. 95; Schulze a. a. O. S. 55 ff.

[49]) Rudolphi a. a. O. I, 164; Sagittarius a. a. O. S. 430; Tenzel a. a. O. S. 856 ; Brückner a. a. O. I, 9, 71 ff; Galletti a. a. O. I, 239 u. II, 101 f.

triviales, proposita in visitatione ecclesiarum et scholarum sub Ducatu Juniorum Principum Saxoniae. Jenae 1573"[50]) aufgestellt. Im Jahre 1593[51]) liess Herzog Johann Casimir eine Generalvisitation in den Kirchen und Schulen des Herzogtums Gotha halten und

Im Jahre 1603[52]) erliess derselbe eine Verordnung, dass zur Erbauung neuer Schulhäuser die nötigen Geldmittel und Baumaterialien verschafft würden; er selbst werde nach Kräften dazu beitragen. „Weil die zur Ministratur und Schule gehörige Gebäude sehr verderbet und wandelbahr | so solten sie (der Raht) dieselben förderlichst zur Besserung bringen."

Im Jahre 1613[53]) „hat Herzog Johann Casimir wiederum in allen Kirchen und Schulen seines gantzen Landes visitiren lassen," wobei Johann Gerhard eigenhändig das Protokoll führte. „Herr Gerhard predigte an vielen Orten | da er hin kam | richtete bey dieser Untersuchung viel gutes aus | und legte manche Streitigkeiten zwischen Junkern | Pfarrern | Schulmeistern und den Gemeinden glücklich bey." Endlich erliess dieser Herzog im Jahre 1626 eine Kirchen- und Schulordnung, welche neben den bereits 1605 von Rector Wilke für das Gymnasium zu Gotha abgefassten Schulgesetzen an verschiedenen Stellen kürzere auf das Volksschulwesen bezügliche Bestimmungen enthält, die im folgenden, bei Besprechung des inneren Entwickelungsganges der gothaer Volksschule seit der Reformation, noch Erwähnung finden werden.

Luthers Vorschrift in genanntem Briefe „An die Pfarrherrn", dass die Pfarrer „Sonntags Nachmittags, weil das Gesinde und junge Volk in die Kirche kommt" die drei Hauptstücke dem Gesinde und den Kindern vorsprechen, erklären und einprägen sollen, wurde in den Städten möglichst Folge geleistet, doch nicht auf dem platten Lande, wo die Pfarrer allzusehr durch ihre Amtsgeschäfte in Anspruch genommen waren. An Stelle des

---

[50]) Reinhold Vormbaum, Evangel. Schulordnungen, Bd. I, (Gütersloh 1860) S. 580.
[51]) Rudolphi a. a. O. I, 165; Thüring. Chron. v. J. 1685 S. 112.
[52]) Rudolphi a. a. O. I, 165; Tenzel a. a. O. S. 873.
[53]) Rudolphi a. a. O. I, 165; Sagittarius a. a. O. S. 434; Tenzel a. a. O. S. 875f; Thüring. Chron. v. J. 1685 S. 112; Schulze a. a. O. S. 74.

Pfarrers wurde daher der Diener desselben, der Küster (Kirchner, Glöckner, in Süddeutschland Sigrist) dem Pfarrer zur Abhaltung der Nebengottesdienste, namentlich auch, um das Amt des Katecheten zu vertreten, als Gehülfe beigeordnet. Die erste vollständige Verordnung über das Amt des Küsters als Gehülfen des Pfarrers in der Verwaltung des Lectoren- und Katechetenamtes erschien in den sächsischen Generalartikeln vom Jahre 1557.[14]) „Die Katechisirübungen des Küsters waren", wie Heppe sagt,[15]) „wenn schon sich derselbe vorzugsweise mit der Jugend beschäftigte, doch wesentlich kirchliche Gemeindekatechisationen, die in der Kirche im Zusammenhange mit den regelmässigen Gottesdiensten ebenso von ihm wie von dem Pfarrer vorgenommen wurden. Zur Errichtung einer eigentlichen Schule bedurfte es eines besonderen Impulses, und dieser ergab sich innerhalb der deutsch-evangelischen Kirche einerseits durch die allmähliche Einführung der Confirmation und andererseits durch das Auseinandergehen der lutherischen und reformirten Confession." Doch eine gründliche Vorbereitung zur Confirmation und eine richtige Auffassung des kirchlichen Bekenntnisses konnten nur von der Erfüllung gewisser Vorbedingungen abhängig sein, d. i. die Kinder mussten zuvor im Lesen und Schreiben, im Katechismus und Bibellesen unterrichtet werden. Insofern man diese Unterweisung dem Küster übertrug, bildete sich das Küsteramt allmählich zum bleibenden Lehramt, und es wurde der Keim zur deutschen Volksschule gelegt.[16])

---

[14]) Darinnen heisst es: „Es sollen die Kirchner oder Glöckner vom Richter, Kirchenvätern und Eltesten aus der Gemeinde mit Vorwissen des Pfarrers gewählt, und fürders dem Consistorio präsentirt und zugeschickt werden, welche ihn verhören, und da er im Examine geschickt befunden, zum Amt confirmiren und bestättigen sollen. Und demnach so soll wider des Pfarrherrn Willen keiner angenommen oder eingedungen werden, in Betrachtung, dass sie in Verrichtung der Kirchenämter bei einander sein und einander helfen müssen, auch ein jeder Pfarrherr in dem seinem Glöckner zu befehlen und zu gebieten hat." Schmidt a. a. O. III, 182 ff.
[15]) H. Heppe, Geschichte des deutschen Volksschulwesens. Bd. I (Gotha 1858) S. 23 f.
[16]) So verordnet die kursächsische Kirchenordnung v. J. 1580, dass alle Custodes und Dorfküster Schule halten und die Kinder im Lesen, Schreiben

Diese Pflicht des Küsters Schule zu halten und sein völlig untergeordnetes Verhältnis gegenüber dem Pfarrer werden scharf hervorgehoben in der Sachsen-Coburgischen Kirchenordnung, welche der Herzog Johann Casimir unter dem 17. Februar 1626 publicieren liess.[56]) Es lautet daselbst fast wörtlich wie in den angeführten sächsischen Generalartikeln vom Jahre 1557 die Vorschrift: die Kirchner oder Glöckner sollen „von Richtern, Kirchvätern und Aeltesten aus der Gemeinde, mit Vorwissen des Erb- und Lehnsherrn, auch des Pfarrers gewehlet und forder dem Consistorio präsentirt und zugeschickt werden; Welche ihn verhören, und da er im examine geschickt befunden, zum Amt confirmiren und bestätigen sollen. Demnach soll wider des Pfarrers Willen keiner angenommen oder eingedrungen werden. In Betrachtung, dass sie in Verrichtung der Kirchen-Aemter bey einander seyn und einander helffen müssen, auch ein jeder Pfarrer ohne deme seinem Glöckner zu gebieten und zu befehlen hat, er ihm hingegen billichen Gehorsam zu leisten schuldig, und dissfals demselben sich im geringsten nicht zu widersetzen." Den unfleissigen Kirchner habe der Pfarrer zu bestrafen, und falls er dennoch nicht Folge leisten sollte, der Orts-Obrigkeit anzuzeigen, welche bei ihm die gradus admonitionum anzuwenden habe; und falls auch diese fruchtlos sein sollten, ist die Dienstentlassung des ungehorsamen Küsters vom Consistorium auszusprechen. Alle Dorfküster sollen zum wenigsten täglich vier Stunden Schule halten und die Kinder im Lesen, Schreiben und in den christlichen Gesängen und Gebeten Luthers unterrichten. Ein jeder Dorfküster ist verpflichtet, alle Sonntage nachmittags

---

und den üblichen christlichen Gesängen unterrichten sollen; dabei soll der Pfarrer den Küster fleissig visitieren und ihm die Frage vorlegen, ob er auch nach der vorgeschriebenen Lehrmethode und alle Tage zum mindesten vier Stunden unterrichte und den Kindern Luthers Katechismus und geistliche Gesänge und Psalmen fleissig lehre. Vgl. Schmidt a. a. O. III, 182 ff; Heppe a. a. O. I, 18—30; Raumer a. a. O. Bd. IV (Gütersloh 1874) S. 286 ff.

[56]) Vormbaum a. a. O. Bd. II (Gütersloh 1863) S. 58 ff; Heppe, a. a. O. Bd. II (Gotha 1858) S. 208 ff; Gelbke a. a. O. I, 1 sagt: „Die Kirchen- und Schulen-Verfassung des Herzogthums Gotha gründet sich überhaupt auf die Casimirianische Kirchenordnung, in so fern sie nemlich nicht durch andere Verordnungen erläutert, erweitert oder auch abgeändert worden ist."

und an einem bestimmten Tage in der Woche den Katechismus
und die deutschen christlichen Gesänge Luthers den Kindern
fleissig und deutlich zu lehren. Dagegen wurde zum Schutze
der Küster gegen unbillige Forderungen der Gemeinden verordnet:
„Nachdem an etlichen Orten die Custodes unbillich beschwert
worden seyn, indem sie wegen des Brothkorn oder Leykauffs
jährlich von ihrem Dienst zween, drey oder vier Scheffel Korn,
auch etwa einen Gulden der Gemeinde haben geben müssen,
und solches im Namen und Schein, als solte der Custos von
neuem gemietet werden, welche Abzüg hernach die Gemeine
versoffen, als soll hiermit solche unchristliche, auch den armen
Dienern beschwerliche und unleidliche Schinderey, durchaus ab-
geschafft und verbothen seyn, und kein Custos der Gemeine fort-
hin das geringste zu Brothkorn oder Leykauff reichen oder
geben, ohne das erste mal, wann er angenommen und mit Fuhre
gehohlet ist, alsdann mag er sich, mit den Nachbarn bekannt
zu machen, etliche (nicht über sechs) Groschen der Dorfschaft
zu vertrinken geben." Und da die Kirche und Gemeinde „einen
Müssiggänger auf solchem Dienst zu erhalten, gemeiniglich zu
unvermöglich," so wird den Küstern bei ihrer geringen Besoldung erlaubt, ausser den Schulstunden daheim ein Handwerk
zu treiben, „aber nicht auf den Herrenhöfen oder sonst ausser-
halb, auch nicht zum feilen Kaufe, den umliegenden Städten
und Meistern desselbigen Handwerks zum Nachteil." Die Gemeinde soll dem Küster die bestimmten Naturalien unverkürzt
zukommen lassen. Ausserdem werden die Küster und deren
Frauen aufgefordert, überall Mägdleinschulen zu errichten, „dess-
wegen den entweder aus dem Kasten oder aus der Gemeine
eine Ergetzlichkeit ihnen zu verordnen." Der Pfarrer hat die
Schule fleissig zu visitieren, ob der Schulmeister Geschicklichkeit
und Eifer für sein Amt zeigt, ob er die in der Schulordnung
vorgeschriebene Lehre und Disciplin genau befolge, ob die Eltern
ihre Kinder fleissig zur Schule halten u. s. f.

Aus allen den genannten Bestimmungen geht zur Genüge
hervor, dass der Küster vorzugsweise noch als Kirchendiener
und nur nebenbei als Schulmeister in Betracht kam, wenn es
auch andererseits im Sinne der genannten Kirchenordnung lag,

dass die Küster das Lehramt als integrierenden Teil ihres Küsteramtes ansehen sollten. Was etwa damals für die Entwickelung des Volksschulwesens im Herzogtum Gotha geleistet worden war, die Bestrebungen eines Luther, Melanchthon und Myconius, die diesbezüglichen Verordnungen und Massregeln trefflicher Landesfürsten, alles wurde wieder zu nichte gemacht durch die schrecklich wütenden Stürme des dreissigjährigen Krieges, der nicht nur den materiellen Wohlstand des deutschen Volkes untergrub, sondern auch die geistige und sittliche Kraft desselben allenthalben lähmte oder ertötete. Deutschland war zu einem Tummelplatz der Leidenschaft und Selbstsucht geworden; jeder einzelne gewöhnte sich, sein Privatinteresse über dasjenige des Staates und des allgemeinen Wohles zu stellen, in seiner Willkür und in seinem Vorteil den Massstab für sein Thun und Lassen zu suchen.[57]) Das höhere[58]) wie das niedere Schulwesen litten mächtig unter den Schlägen des verderblichen Krieges. Und wenn es auch keineswegs, wie Tholuck hervorhebt,[59]) nur die Zeiten während des Krieges sind, in denen uns das Verderbnis der Jugend und ihrer Lehrer begegnet, — denn dieses geht mit ziemlicher Gleichmässigkeit das ganze Jahrhundert hindurch —, so muss man doch eine tiefe Demoralisation eines Teiles der

---

[57]) „Dieser Krieg", sagt Raumer (a. a. O. Bd. II [1857] S. 45), „ist die entsetzlichste Periode in der Geschichte unseres Vaterlandes. Die Heere waren grosse Mörder- und Räuberbanden, der Geist des Friedens und heiliger Ordnungen war ganz geschwunden, Mordlust, Unzucht, Rauben herrschten ohne Widerstand . . . . . . Das Land war verödet, ausgeplündert, menschenleer, eine Wüste für Wölfe und reissende Thiere. Von Schulen und Lehrern war fast nicht mehr die Rede."

[58]) Mehr noch als die Universitäten, wo eine militärische Sitte unter den Studenten Platz gegriffen, hatten die Gymnasien unter den Folgen des Krieges zu leiden gehabt. Meisson u. a. lösten sich auf. D. Hoe, teilt Boser aus Halle 1638 an Calixt mit, suapte manu sequentia verba ante paucos dies ad me persripsit: „tanta est gymnasiorum praecipuorum et imprimis etiam electoralium miseria, tantus squalor, ut nec docentes nec discentes amplius ali possint." Vgl. A. Tholuck, Das akademische Leben des siebzehnten Jahrhunderts T. I (Halle 1853) S. 259 u. 197; Schmidt a. a. O. III, 310.

[59]) Tholuck a. a. O. I, 259.

Jugend durch den Krieg, zumal der Schulunterricht teilweise desorganisiert war, voraussetzen.

Als die dreissig Jahre der Verwüstung vorübergegangen waren, da war im Herzogtum Gotha von Volksschulen wenig oder gar nichts mehr zu sehen. Durch die feindlichen Plünderungszüge, die ungeheuren Contributionen an Geld (in den Jahren 1640 bis 1647 mussten 168 900 Thaler an die Schweden entrichtet werden) und Lebensmitteln war das Land gänzlich ausgesogen, zwei Dritteile der Bevölkerung war geschwunden. Kirchen- und Schulzucht war gänzlich verfallen, und in vielen Ortschaften konnte den Predigern kein Unterhalt geboten werden; die Küster waren zum teil gestorben zum teil verdorben.[60])

In jener Zeit materiellen wie geistigen Elends war es ein Mann, den man mit Recht einen Fürsten unter den Pädagogen und einen Pädagogen unter den Fürsten zu nennen pflegt, der das Banner der deutschen Volksschule in seinem Lande aufrichtete als wirksames Mittel, den gänzlichen Verfall aller Bildung und Gesittung aufzuhalten. Dieser Fürst war Herzog Ernst von Gotha mit dem Beinamen: „der Fromme". Unserer Aufgabe gemäss wollen wir im folgenden hauptsächlich seine pädagogischen Bestrebungen, specieller seine Verdienste um die Volksbildung seines Landes Gotha näher ins Auge fassen.

Herzog Ernst, der neunte unter den zehn Söhnen Herzogs Johann III. von Weimar († 1605), eines Enkels Friedrichs des Grossmütigen († 1547) war am 25. Dezember 1601 auf dem Schlosse zu Altenburg geboren.[61]) Er genoss eine streng religiöse

---

[60]) Rudolphi a. a. O. I, 214 ff; Galletti a. a. O. I, 256 ff. u. a.; Heppe a. a. O. I, 39; Schmidt a. a. O. III, 313 f; Joh. Heinr. Gelbke, Herzog Ernst der Erste (Gotha 1810) T. I, S. 90 ff; Aug. Beck, Ernst der Fromme (Weimar 1865) T. I, S. 135 ff.

[61]) Eyringius bemerkt über die Abstammung Herzog Ernst's männlicherseits in rühmender Weise: „Quodsi imaginum gloria hic advocanda est, ecquae obsecro, illustriores esse possunt quam serenissimae gentis Saxonicae, in qua tot tantorumque Principum imagines cernimus? Ex hacgente Princeps noster Ernestus Patrem habuit etc." Mart. Eyringius, Vita Ernesti Pii. (Lipsiae 1704) S. 5 f.

Erziehung.⁶²) Besonders war es seine Mutter, die edle Herzogin Dorothea Maria („nata ex stirpe Anhaltina, Princeps ob pietatem perenni posteritatis memoriae commendata" Eyr.), welche den Samen der Gottesfurcht in des Kindes Herz legte, seine individuellen Vorzüge pflegte und mit pädagogischer Einsicht beim Erziehungsgeschäfte thätig war. Sie war eine Frau, die, was Scharfsinn und Wissen anlangt, ihrer Zeit weit vorausgeeilt war. Als begeisterte Anhängerin Ratichs, suchte sie dessen Lehrmethode in die Schulen einzuführen und setzte 2000 Gulden für Schullehrer aus, welche nach der neuen Methode des Ratichius unterrichten würden. In ihrem Testamente (1611) vermachte sie auch der Universität Jena unter anderem 20000 Gulden zur Unterstützung für evangelische Theologen.⁶³)

Schon mit vier Jahren bekam Herzog Ernst von Bartholomäus Winter („vir non minus doctus, quam pius, qui optimis institutis praeceptisque Principem imbuit" Eyr.) einen seinen Fähigkeiten angemessenen Religionsunterricht, und kaum eilf Jahre alt wurde am 8. November 1612 sein Herzenswunsch, das hl. Abendmahl zu empfangen („ut gratiam efficientiamque Christi omnibus ex fontibus, quos divina benignitas nobis paravit et ostendit, salubriter hauriret" Eyr.) gestillt. In der lateinischen und in anderen Sprachen wurde er hauptsächlich von Friedrich Hortleder unterrichtet; daneben unterwies man ihn in der Mathematik, Astronomie, Chemie, Fortification und Artillerie, sowie auch im Reiten und in anderen körperlichen Geschicklichkeiten. So wurde Herzog Ernst neben einer streng sittlichen Erziehung auch die nötige wissenschaftliche Vorbildung, welche noch durch treffliche Geistesanlagen unterstützt wurde („felicissimo ingenio singularis judicii acies, animusque excellentissimarum cogitationum capax conjunctus erat" Eyr.), zu teil, so dass er in den Stand gesetzt ward, seinen künftigen, schwierigen Herrscherpflichten

---

⁶²) Über Herzog Ernst's Jugenderziehung vgl. Gelbke, Herz. E. d. E. I, 37 ff; Beck a. a O. I, 21 ff; Eyringius a. a. O. S. 14 ff; Antoine Teissier, La vie D'Ernest le Pieux (Halle 1752) S. 10 ff; A. Tholuck, Lebenszeugen der luth. Kirche (Berlin 1859) S. 50.
⁶³) Gelbke, Herz. E. d. E. I, 6 ff; Beck a. a. O. I, 6 u. 25; Tholuck, Lebensz. d. luth. K. S. 48 f.

voll und ganz nachzukommen. Von seinem älteren Bruder Johann
Ernst zu den Regierungsgeschäften hinzugezogen, erlangte er bald
genaue Kenntnis derselben, wie er sich andererseits durch Reisen
mit den Angelegenheiten und Merkwürdigkeiten seines Landes
bekannt machte. Durch unaufhörliches Studium in den Archiven
seiner Vorfahren und Extracte aus den vorhandenen Urkunden
sammelte er ein wichtiges statistisches Material, das bei seinem
Regierungsantritt über hundert Foliobände umfasste, wovon im
Jahre 1645 Fr. Hortleder einen Auszug herausgab s. t. „Acta
publica" (revid. v. Zachar. Pürschenken zu Lindenhof, nachherigem
Regierungspräsidenten zu Eisenach).[64]) So bildete Herzog Ernst
die Anlagen aus, welche ihn später zu einem scharfsichtigen
Staatsmann stempelten. Von seinen weiteren Charaktereigen-
schaften und Tugenden[65]) mögen nur die wichtigsten Hervorhebung finden. Das Lob seiner Tapferkeit und sein Kriegsruhm
im dreissigjährigen Kriege, in dem er gleich von Anfang an wie
seine Brüder auf Seiten Gustav Adolfs stand, knüpfen sich an
seine Heldenthaten bei Schweinfurt, Würzburg und München,
besonders aber an die bei Nürnberg und Lützen, wo er nach
Gustav Adolf's Fall dem schwedischen Heere den endlichen Sieg
verschaffte. Sein organisatorisches Talent und seine Staatsklugheit
zeigte sich, als er anstelle seines Bruders Bernhard das (aus
Würzburg und Bamberg 1633 gebildete) Herzogtum Franken,
welches letzterem von der schwedischen Krone verliehen worden
war, verwaltete und wobei er sich um die Hebung des dortigen
Schulwesens verdient machte, so dass ihm der Bischof von Würzburg nach Wiedererlangung seiner Länder (1635), wie Eyringius
berichtet, das rühmliche Zeugnis ausstellte: „ne se quidem,
si adfuisset, rectius Urbi et terris suis prospicere ac praeesse
potuisse."[66]) Ferner war ihm ein auf das Sittliche gerichteter

---

[64]) Rudolphi a. a. O. III, 351; Gelbke, Herz. E. d. E. I, 40 f.
[65]) Eyringius a. a. O. S. 22 ff u. S. 130 ff; Rudolphi a. a. O. I, 69 ff;
Gelbke, Herz. E. d. E. I, 44 ff u. II, 155 ff; Galletti a. a. O. I, 273 ff; Thür.
Chron. v. J. 1685 S. 193 ff; Teissier a. a. O. S. 15 u. s., Beck a. a. O. S. 100 ff.
[66]) Eyringius a. a. O. S. 25; vgl. auch Wilh. Ernst Tenzel, Fürstl. Sächs.
Geschichts-Calender Ernestinischer Linie (Leipz. 1697) S. 40, Tenzel, Suppl. H.
G. S. 888. Gelbke Herz. E. d. E. S. 58 ff; Beck a. a. O. S. 503 ff.

Sinn eigen; er war ein Freund der Wahrheit und Gerechtigkeit.
Um seine Unterthanen, Reiche wie Arme, vor der Parteilichkeit
der Richter zu schützen, behielt er sich selbst das entscheidende
Urteil vor. Ein abgesagter Feind alles unnötigen Aufwandes, verstand er sich meisterhaft in der Kunst weiser Staats- und Haushaltung. Dabei war er ein sorgsamer Familienvater, der seinen Kindern — er hatte deren achtzehn — durch Herbeiziehung tugendhafter und gelehrter Männer eine streng religiöse und wissenschaftliche Bildung zu teil werden liess.[67]) Den Armen (Studierenden) und Unglücklichen suchte er besonders in den schweren Kriegszeiten durch Geschenke an Geld und Lebensmittel beizustehen. Ermahnte er seine Diener zur Treue, so empfahl er ihnen den 101. Psalm („Meine Augen sehen nach den Treuen im Lande, dass sie bei mir wohnen, und habe gern fromme Diener etc.") zu lesen, welcher daher gewöhnlich der Fürstenpsalm genannt wurde. Diese Worte des Psalmisten bewegten sein Herz; er hatte erkannt, dass zur materiellen und sittlichen Hebung seines Volkes treue und umsichtige Staatsdiener von nöten seien. Daher sah er bei Besetzung der Stellen in den hohen Landeskollegien nicht auf Empfehlung, Geburt und Stand, sondern lediglich auf die zu solchen wichtigen Ämtern erforderlichen Eigenschaften der Geschicklichkeit, Arbeitsamkeit, Bedachtsamkeit und Berufstreue; gerade in der Wahl seiner Mitarbeiter zeigte der Herzog ebenso seine Menschenkenntnis wie sein Regententalent.[68]) In Kirchensachen beriet ihn neben dem Juristen Georg Franzke (1641—59),[69]) einem, wie Seckendorf sagt, „in iure et omni litteratura überaus gelehrten trefflichen Manne", der Generalsuperintendent Salomo Glassius († 27. Juli

---

[67]) Eyringius a. a. O. S. 30 ff; 49 ff; Rudolphi a. a. O. I, 58 ff; Galletti a. a. O. I, 279 f; Gelbke, Herz. E. d. E. II, 256 ff; Beck a. a. O. I, 760 ff.

[68]) Gelbke, Herz. E. d. E. II, 214 ff; Eyringius a. a. O. S. 164 ff u. a. Rudolphi a. a. O. I, 72.

[69]) Sagittarius a. a. O. S. 257 ff; Rudolphi a. a. O. III, 332; Gelbke, Herz. E. d. E. II, 226 ff; Gelbke, Kirch.- u. Schul.-Verf. I, 190 u. 219; Galletti a. a. O. II, 277; Beck a. a O. II, 21 f.

1656),⁷⁰) ein Theologe im Geiste Arndt'scher Orthodoxie, dessen
Symbolum war: „vera non ficta fides salvat". Als Glassius 1856
starb, trat an seine Stelle der Theologe Joh. Christ. Gotter
(† 1677),⁷¹) der, wenn auch nicht an Gelehrsamkeit, so doch an
Friedensliebe und praktischem Eifer ersterem geistesverwandt
war. Ferner sind zu erwähnen die Hofprediger Brunchorst
(† 1664)⁷²) und Ludwig († 1673),⁷³) die trefflichen Juristen Jos.
Breithaupt († 1687)⁷⁴) und Joh. Francke († 1670),⁷⁵) der Vater
des Aug. Herm. Francke, ferner der als Orientalist bekannte
Hiob Ludolf († 1704),⁷⁶) vor allen aber der Geheimrath Ludwig
von Seckendorf († 1692),⁷⁷) ein wahrer Polyhistor („vir genere,
doctrina, prudentia et meritis in rem publicam atque Ecclesiam
non in Aula Gothana modo, sed etiam Cizensi, Dresdensi, et
tandem Electorali Brandenburgica illustris, litterarumque Maecenas
per omnem Europam inclytus" Eyr.).

Der hervorragendste Charakterzug Herzog Ernst's, der einem
belebenden Oden gleich sein ganzes Leben durchzieht, die Quelle
aller seiner Tugenden und Thaten, war die Gottesfurcht. Die
Bibel, welche er schon als Kind liebgewonnen, blieb auch später-
hin bis an sein Lebensende sein liebstes Buch;⁷⁸) in ihr las er
im stillen Kämmerlein wie auf dem tosenden Felde der Schlacht,
aus ihr schöpfte er Trost und Frieden in allen Widerwärtigkeiten

---

⁷⁰) Sagittarius a. a. O. S. 181 ff; Rudolphi a. a. O. III, 113 u. 267 ff u.
332 f; Galletti a. a. O. II, 279; Gelbke, Herz. E. d. E. II, 238 ff; Beck a. a. O. II
25 f; Tholuck, Lebensz. d. luth. K. S. 63 ff.
⁷¹) Sagittarius a. a. O. S. 188 f; Rudolphi a. a. O. III, 114 u. 272; Brückner
a. a. O. II, 11, 90 ff; Tholuck, Lebensz. d. luth. K. S. 66 f; Beck a. a. O. II, 28.
⁷²) Gelbke, Herz. E. d. E. II, 245 f; Beck a. a. O. II, 10.
⁷³) Sagittarius a. a. O. S. 353; Rudolphi a. a. O. III, 286; Beck
a. a. O. II, 43.
⁷⁴) Beck a. a. O. II, 9.
⁷⁵) Sagittarius a. a. O. S 282 ff; Beck a. a. O. II 21.
⁷⁶) Sagittarius a. a. O. S. 267; Rudolphi a. a. O. III, 392 f; Gelbke, Herz.
E. d. E. II, 242 ff; Beck a. a. O. II, 42.
⁷⁷) Sagittarius a. a. O. S. 263 ff; Rudolphi a. a. O. III, 333; Eyringius
a. a. O. S. 136; Gelbke, Herz. E. d. E. II, 230 ff; Beck a. a. O. II, 61 f.
⁷⁸) Galletti a. a. O. I, 280; Gelbke, Herz. E. d. E. I, 38 u. II, 161 f; Beck
a. a. O. I, 118 ff.

und Versuchungen des Lebens, durch sie endlich glaubte er dem traurigen Verfalle in Kirche und Schule ein Ziel setzen zu können, wenn er sie durch eine bessere und zweckmässigere Einrichtung der Übersetzung dem gemeinen Manne nutzbar machte, wenn die dunklen und schwer zu verstehenden Stellen darin, deren wegen viele das Lesen der Bibel vernachlässigten, verständlicher gemacht und überdies eine Anleitung gegeben würde, das Gelesene auf sich entweder zum Trost oder „zur Lehre, Besserung und Züchtigung" anzuwenden. Bestärkt wurde er in seinem Plane, als Evenius (seit 1634 Kirchen- und Schulrat in Weimar, † 4. Sept. 1639) i. J. 1634 sein „Christianarum scholarum unicum necessarium" und seine „Bescheidentliche Erörterung" herausgegeben und darin als Hilfsmittel, der verfallenen Kirche und Schule aufzuhelfen, unter anderem auch den katechetischen Unterricht und die Bibel im Auszug in Vorschlag gebracht hatte. Von Herzog Ernst nach Gotha berufen, verfasste Evenius zunächst (1636) auf dessen Befehl die „Christlich gottselige Katechismusschule" und die „Christlich gottselige Bilderschule," sodann aber übernahm er die Besorgung der projektierten neuen Bibelausgabe, „welche füglich von allen und jedem Christen könne gelesen, verstanden und heilsamlich gebraucht werden". Doch war dieselbe im Interesse des Verständnisses „auch für die Jugend und die Einfältigen" verfasst und zugleich ein Mittel den Religionsunterricht in den Volksschulen gewissermassen zu unterstützen, und es dürfte von Interesse sein, einiges über sie zu vermerken.

Um die Anfertigung des Bibelwerkes zu beschleunigen, wurde die Arbeit unter 29 sächsische und thüringische Theologen, die sowohl in Ansehung der Lehre unverdächtig als auch in den Grundsprachen der Bibel erfahren waren, verteilt. Alle Streitpunkte sollten unberührt bleiben, und die Erklärung in Übereinstimmung mit den Confessionsschriften der evangelischen Kirche geschehen, genau auf den reinen Wortverstand gehen und bei den dunklen Stellen fasslich und womöglich kurz ausgedrückt werden („expositio claris, puris et perspicuis verbis concepta sit." Eyr.) Evenius selbst gehört nach Beck nicht zu den Glossatoren, aber dadurch, dass er die eingesandten Manuscripte in Verwahrung nahm, das Unleserliche selbst ins Reine schrieb, den Rand und Context mit Parallelstellen versah, die Summarien anordnete u. s. f. hat er sich nicht geringe Verdienste um die Ausgabe des Bibelwerkes erworben. Christ. Brunchorst wurde ihm („ne tanto oneri succumberet" Tenzel) als „adiutor" beigegeben.[79])

Die Angaben über die Verfasser der einzelnen Bücher sind bei den Berichterstattern des Ernestinischen Bibelwerkes, von denen wir als die bekanntesten Abraham Calov,[80]) Gottfried Olearius,[81]) Pfefferkorn,[82]) Tenzel,[83]) Joh. Friedr. Mayer,[84]) die Verfasser der unschuldigen Nachrichten,[85]) Eyringius,[86]) Rudolphi,[87]) Gelbke[88]) und Beck[89]) nennen, sehr verschieden.

Rudolphi schreibt: „damit der geneigte Leser etwas zuverlässiges habe," so gebe er eine Tabelle, die in Herzog Ernst's Gemache von Brunchorst und Evenius aufgesetzt und von dem fürstlichen Kammerdiener und Bibliothekar Andreas Rudolph „mit annoch vorhandener eigenen Hand" abgeschrieben worden ist. Gelbke hat dieses Verzeichnis Rudolphis in seiner Schrift: „Herzog Ernst der Erste" aufgenommen, weil es, wie er sagt, am meisten mit den Akten übereinstimmt. Überhaupt hat Gelbke

---

[79]) Tenzel a. a. O. S. 896 ff; Eyringius a. a. O. S. 84 f; Gelbke, Herz. E. d. E. I, 69 f; Beck a. a. O. I, 660.

[80]) Abr. Calovius, Biblia Testamenti Veteris Illustrata (Frankfurt a. M. 1672) S. 12 f.

[81]) Gottfr. Olearius, Annotationes Biblicae Theoretico-Practicae (Halle 1677) Vgl. Appendix.

[82]) Anonym i. s. Thür. Chron. v. J. 1685. S. 104 ff.

[83]) Tenzel, Monatliche Unterredungen, A. 1693. S. 816 ff. u. Suppl. Hist. Goth. S. 897 ff. Das Verzeichnis der Glossatoren ist in beiden Schriften gleich bis auf die Angabe des Verfassers der ersten 60 Psalmen (siehe i. folg.).

[84]) Joh. Frid. Mayer, Dissertationes Selectae Kilonienses et Hamburgenses (Frankfurt a. M. 1693) S. 429.

[85]) Unschuldige Nachrichten A. 1704. S. 398 ff bei Rudolphi a. a. O. III, 348 f; diese wiederholen und stellen zumeist nur die diesbezüglichen Angaben von Eyringius, Tenzel und Calov zusammen.

[86]) Eyringius a. a. O. S. 78 ff.

[87]) Rudolphi a. a. O. III, 349 f.

[88]) Gelbke, Herz. E. d. E. I, 70 ff.

[89]) Beck a. a. O. I, 660 ff.

nach seinem Vermerk alles das über die Glossatoren der einzelnen biblischen Bücher berichtet, was er in den Akten vorgefunden. In gleicher Weise behauptet Tenzel, dass er das von ihm gegebene Verzeichnis aus den Consistorialakten entnommen habe. Calov giebt die Namen der Glossatoren an, „quemadmodum ad nos pervenit fama". Mayer behauptet, dass er die einzelnen Verfasser des Bibelwerks „a Venerando Academiae Wittebergensis Seniore, D. Andreae Semerto" erfahren habe. Eyringius endlich berichtet: „Sequentem (igitur) catalogum a viris fide dignissimis mecum communicatum exhibeo".

Über die Revision des Bibelwerks sagt Rudolphi weiterhin: Worbey zu merken|dass zwar diesem Verzeichnis stricte inhaeriret| und jeder darinnen benannten Person sein Pensum mit gewisser Instruction, wornach sie sich richten|und was vor Authores bey der Elaboration untern andern angewendet werden sollen|zugeschickt worden. Diese haben auch an ihrem möglichsten Fleiss nichts erwinden lassen | und ihre Glossen höchstermeldter Ihro Fürstlichen Durchl. übersendet|die gedachten Rudolphen zur Verwahrung bis zu weiterer Deliberation zugestellet worden. Bey reiffer Erwegung aber eines jeden Aufsatzes hat sich's befunden|dass dieselben im gegen einander halten| so wohl ratione styli, als rerum, einer accuratern Einrichtung bedürffe|absonderlich aber Dr. Himmels Explication, weil dieselbe nicht von ihm selbst entworfen|sondern nur gewissen Studiosis anvertraut gewesen. Hier gieng die erste Revision von Gerhardo, Majore, Himmel und Glassio vor etc." Seit dem 12. August 1637 hatten sämtliche Revisoren, und zwar zunächst Major (seit 1612 D. u. Professor der Theol. in Jena, † 4. Januar 1654),[99]) Gerhard (seit 1616 Prof. der Theol. in Jena, † 20. August 1637), Himmel (Joh. seit 1617 Prof. der Theol. in Jena, † 4. April 1642), die „triga Johannitica" und Dilherr († 1669 als Prediger an der Sebalduskirche in Nürnberg) gemeinschaftliche Beratungen. Major hatte die alte deutsche Wittenberger Bibel vom Jahre 1545, Himmel die Biblia Tossani, Dilherr die hebräische Bibel vor sich,

---

[99]) Die hier angegebenen, kurzen biographischen Notizen von den meisten der Glossatoren finden sich bei Beck a. a. O. Teil II i. Anf.

und Gerhard las das geschriebene Exemplar laut vor; letzterer (von Calov der „Admantius Germanicus, Theologus incomparabilis" genannt) verwendete auf die Anfertigung des Werkes den meisten Fleiss. Nach Gerhards Tode übernahm Glassius (seit 1633 Prof. der Theol. in Jena, seit 1640 Superintendent und Consistorialrat in Gotha, vgl. oben), im März 1638 an Gerhards Stelle berufen, die Arbeit fast ganz allein (vgl. Beck und Gelbke.) Eyringius berichtet: „Ceterum emendatoribus elaborantes singuli (quamvis et Revisoribus elaboratio etiam iniuncta fuerit) sua miserunt, qui ea pensa inter se divisa, partim ponderarunt, ac postea in conventu binis vicibus per hebdomadem instituto collocuti, secundum plura vota concluserunt. Conventus hic et dijudicatio daravit per semestre spatium usque ad mortem Gerhardi. Post obitum Gerhardi cessarunt in hoc instituto. Adventante vero D. Glassio, per quatuor hebdomades denuo opus

Vet. Test.	Calov.	Olearius.	Pfefferkorn.	Tenzel.
Genes.	D. Joh. Gerhard	Gerhard.	Gerhard.	Gerhard.
Exod.			Ilchner, Archidiac. in Sondershausen.	M. Joh. Ilschner, Archidiac. in Sondershaus.
Levit.	D. Olsner, Prof. i. Erfurt.	Barthol. Elsner, Prof. in Erfurt.	Elsner, Prof. in Erfurt.	D. Joh. Elsner, Prof. i. Erfurt.
Num.			desgl.	desgl.
Deuter.			Joh. Wagner, Hofpred. und Superint. in Eisenach.	Wagner.
Jos.			Himmel.	M. Sommer, damals Studiosus in Jena.
Jud.			desgl.	desgl.

pium continuarunt, sed quoniam hic dissensum perferre non potuit, collegarum deliberatio hujusque causae communicatio desinere coepit. Et quidem initio D. Major per semestre aliquos libros redvidit, postea Glassius non invito Principe solus laborem hunc suscepit." Darin eben, dass, wie auch die Akten berichten, viele von den eingelieferten Arbeiten teils wieder an andere verteilt, teils von den Revisoren selbst umgearbeitet wurden, liegt wohl der Grund für die abweichenden Nachrichten über die Glossatoren der einzelnen biblischen Bücher. Eyringius sagt: „Diversitas inde fortassis oritur, quod cuidam interdum elaboratio libri alicuius assignata sit, vel morte vel fato quodam in alium translata."

Das folgende Verzeichnis giebt eine kurze Zusammenstellung der diesbezüglichen verschiedenen Angaben.

Mayer.	Eyringius.	Rudolphi (Gelbke).	Beck.
Gerhard.	Gerhard.	Gerhard.	Gerhard.
Joh. Ilschner.	Ilschner.	M. Paul Ilschner, Archidiac. in Sondershausen.	Ilschner.
Joh. Elsner.	Barthol. Elsner.	Joh. Wagner, Hofpred. i. Eisenach.	Elsner.
	desgl.	desgl.	desgl.
D. Joh. Grosheim, Hofprediger in Weimar.	M. Joh. Wagner u. M. Sigism. Evenius.	desgl.	Wagner.
M. Anton Mylius, Hofprediger in Kranichfeld.	Mylius.	Sommer.	Smmer.
desgl.	desgl.	desgl.	desgl.

Vet. Test.	Calov.	Olearius.	Pfefferkorn.	Tenzel.
Ruth.			Himmel.	M. Sommer, dam. Studios. i. Jena.
Samuel.		D. Joh. Himmel, Prof. in Jena.	desgl.	Hubmeyer.
Reg.	M. Hubmeier, Superint. in Heldburg.	Hubmeier.	Hubmeyer, Superint. in Heldburg.	desgl.
Chron.	desgl.	desgl.	desgl.	desgl.
Esra	M. Slevogt, Prof. i. Jena.	Slevogt.	Schlevogt, Prof. in Jena.	Paul Slevogt.
Nehem.	desgl.	desgl.	desgl.	desgl.
Esth.			desgl.	desgl.
Job.	M. Dilherr, Prof. in Jena.	Dilherr.	Dilherr, Prof. i. Jena u. nachmalig. Pred. i. Nürnberg.	Dilherr.
Psal.	Sal. Glassius.	Glassius.	Glass.	1—60: Balthas. Walther Sup. i. Gotha bezw. Glassius 60—120: Pastor in Schwerstädt. 120—150: Pastor in Döbritschen.
Prov.	desgl.	desgl.	desgl.	D. Meifart.
Eccles.	desgl.	desgl.	desgl.	Glassius.
Cantic.	desgl.	desgl.	desgl.	desgl.
Jes.	D. Joh. Weber, Superint. in Ohrdruff.	Weber.	Weber.	Weber.

Mayer.	Eyringius.	Rudolphi (Gelbke).	Beck.
M. Anton Mylius, Hofpred. i. Kranichfeld.	M. Zachar. Sommer, Cand. d. Theol. in Jena.	Sommer.	Sommer.
M. Hippolyt Hubmayer, Superint. in Heldburg.	Hubmeier.	Hubmeyer.	Hubmeier.
M. Joh. Mose, Archidiac. in Ohrdruff.	Mose.	Himmel.	Himmel.
M. Joh. Müller, Archidiac. i. Jena.	Müller, Diac. in Jena.	desgl.	desgl.
Slevogt.	Sclevogt.	M. Schlevoigt, Prof. in Jena.	Slevogt.
	desgl.	desgl.	desgl.
Slevogt.	desgl.	desgl.	desgl.
Dilherr.	Dilherr.	Dilherr.	Dilherr.
Glassius.	1—60: Walther; 60—100: Daniel Seiler; 100—150: Pfarrer in Döbritschen.	1—60: Walther; 60—100: M. Dan. Seiler, Pfarrer in Schwerstedt; 100—150: Pfarrer in Döbritschen.	1—60: Glassius; 60—120: Seiler; 120—150: Nicolai, Pfarrer in Döbritschen.
desgl.	D. Joh. Matthias Meyffart.	Meyffart.	Glassius.
desgl.	Glassius.	Glassius.	desgl.
desgl.	desgl.	desgl.	desgl.
Weber.	Weber.	Weber.	Weber.

Vet. Test.	Calov.	Olearius.	Pfefferkorn.	Tenzel.
Jorem.			Grosshayn, Hofprediger in Weimar.	D. Grosshain.
Ezech.	D. Andreas Kesler, Superint. in Koburg.	Kesler.	Kessler.	Kesler.
Dan.	Gerhard.	Gerhard.	Gerhard.	Gerhard.
Hos.			Zapf, Superint. in Weimar.	D. Nicol. Zapf, damals Hofprd. in Weimar.
Joel.			desgl.	desgl.
Amos.			desgl.	desgl.
Obad.			Wallenberger, Prediger in Erfurt.	M. Wallenberger.
Jona.				desgl.
Micha.				desgl.
Nah.				desgl.
Hab.				desgl.
Zeph.				desgl.
Hag.				desgl.
Zach.				M. Walter, Pfarrer i. Erfurt.
Mal.			Walter, Prediger in Erfurt.	desgl.
Judith.				M. Schröter, Pastor i. Erfurt.
Sapient.			.	desgl.

Mayer.	Eyringius.	Rudolphi (Gelbke).	Beck.
Jerem. a. Klagelieder: Kromayer Generalsuperintendent i. Weimar.	M. Joh. Kromayer u. D. Georg Grossheim.	Jerem.u.Klagelieder: D. Grosshain, Prof. in Erfurt.	Grosshain.
Kesler.	Kesler.	Kesler.	Kesler.
Gerhard.	desgl.	Gerhard.	Gerhard.
M. Joh. Thilo.	Zapf.	D. Zapf, Prof. in Erfurt.	Zapf.
desgl.	desgl.	desgl.	desgl.
desgl.	desgl.	desgl.	desgl.
desgl.	M. Valentin Wallenberg, Pfarrer i. Erfurt.	Wallenberg.	Wallenberger.
M. Joh. Scheccius.	desgl.	desgl.	desgl.
desgl.	desgl.	desgl.	desgl.
desgl.	desgl.	desgl.	desgl.
desgl.	desgl.	desgl.	desgl.
M. Sigism. Evenius.	M. Evenius.	desgl.	desgl.
desgl.	desgl.	desgl.	desgl.
desgl.	desgl.	M. Walther, Pred. i. Erfurt.	Walther.
desgl.	desgl.	desgl.	desgl.
Kesler.	M. Sebastian Schröter, rev. u. corrig. v. Kesler.	M. Schröter, Pfarrer zu S. Mich. i. Erfurt.	Schröter.
desgl.	desgl.	desgl.	desgl.

Vet. Test.	Calov.	Olearius.	Pfefferkorn.		Tenzel.
Tobias.					M. Schröter. Pastor in Erfurt.
Sirach.	D. Mengering, Hofpred. in Altenburg.	Arnold Mengering.	Mengering. Hofprediger in Altenburg, spät. Superint. i. Halle		M. Mengering.
Bar. u. Apocr.	Kesler.	Kesler.	Macceb.: Richter. Pred. in Bibra; das übrige: Kesler.		M. Richter. Pastor in Berg.

Nov. Test.	Calov.	Olearius.	Pfefferkorn.	Tenzel.
Matth.	Groshain.	Groshain.	Prätorius.	Prätorius.
Marc.	M. Prätorius, Super. i. Schleusingen.	Hier. Prätorius.	desgl.	desgl.
Luc.	desgl.	desgl.	Braun, Diaconus i. Weimar.	Braun.
Ev. Joh.	M. Mylius.	Mylius.	Mylius.	Mylius.
Acta Ap.	Joh. Major, Super. i. Jena.	Major.	Major.	Major.
Ep. ad Rom.	Himmel.	Himmel.	Himmel.	Himmel.
- - Corinth.	desgl.	desgl.	desgl.	desgl.
- - Gal.	Zapf.	Nicod. Lappius.	Lapp, Superint. i. Arnstadt.	desgl.
- - Ephes.	desgl.	desgl.	Zapf.	desgl.
- - Philipp.	desgl.	desgl.	desgl.	desgl.

Mayer.	Eyriaglus.	Rudolphi (Gelbke).	Beck.
Kesler.	M. Sebastian Schröter, rev. u. corrig. v. Kesler.	M. Schröter, Pfarrer zu S. Mich. i. Erfurt.	Schröter.
M. Arnold Mongering, Superint. i. Halle.	Mengering.	Mengering.	Mengering.
Kesler.	M. Joh. Ritter, Pastor i. Bercka bei Weimar, revid. v. Kesler.	Pfarrer zu Bercka.	Ritter.

Mayer.	Eyriaglus.	Rudolphi (Gelbke).	Beck.
Prätorius.	Prätorius.	Prätorius, Hofpred. i. Weimar.	Prätorius.
M. Chr. Cellarius, Super. i. Schmalkalden.	desgl.	desgl.	desgl.
desgl.	M. Prätorius u. M. Jacob Brandes.	M. Brandau, Diac. i. Weimar.	Brandis.
Gerhard.	(Mylius) Glassius.	Mylius.	Glassius.
Major.	Major.	Major.	Major.
M. David Lidbachius.	Lappe.	Himmel.	Himmel (Joh. u. Enoch).
D. Joh. Himmel.	Himmel.	desgl.	
M. Joh. Sutorius.	M. Sutorius, Super. i. Eisenberg.	desgl.	Lappe.
desgl.	desgl.	desgl.	desgl.
desgl.	desgl.	desgl.	desgl.

Nov. Test.	Calov.	Olearius.	Pfefferkorn.	Tenzel.
Ep. ad Coloss.	Zapf.	Nicod. Lappius.	Zapf.	M. Nicod. Lappe, Superint.i.Arnstadt.
. . Thess.	desgl.	desgl.	desgl.	desgl.
. . Timoth.	desgl.	desgl.	desgl.	desgl.
. . Tit.	desgl.		desgl.	desgl.
. . Phil.	desgl.		desgl.	desgl.
Ep. Petri.			Prediger i. Grunstedt.	M. Scharf, Pfarrer in Weimar.
Ep. Joh.		Major.	Major.	Major.
. ad Hebr.	M. Neander, Pastor i. Lobestedt.	Neander.		Neander.
Ep. Jac.				Scharf.
. Jud.			Zapf.	desgl.
Apocal.	Gerhard.	Gerhard.	Gerhard.	Gerhard.

Auf Grund der uns vorliegenden, von einander vielfach abweichenden Berichten, ist es nicht möglich, ein festes und untrügliches Verzeichnis der Glossatoren der einzelnen biblischen Bücher aufzustellen. Denn in manchen Fällen wird nicht die Majorität (Quantität) der Angaben, sondern die Glaubwürdigkeit (Qualität) derselben zu entscheiden haben, um diesen oder jenen für den Bearbeiter eines bestimmten Teiles des Bibelwerkes zu bezeichnen; vielfach aber, wo weder der eine noch der andere Bestimmungsgrund für die Feststellung eines Resultates ausreichend

Mayer.	Eyrisglus.	Rudolphi (Gelbke).	Beck.
M. Joh. Sutorius.	M. Sutorius, Super. i. Eisenberg.	Lappe.	Lappe.
M. Joh. Grobius.	M. Sylvester Grabius, Super i. Königsberg.	desgl.	desgl.
desgl.	desgl.	desgl.	desgl.
desgl.	desgl.	desgl.	desgl.
M. Joh. Seiberus.		desgl.	desgl.
desgl.	M. Seiler, Archidiac. i. Weimar.	M. David Scharff, Pfarrer i. Grunstedt.	Scharf.
Major.	Major.	Major (fehlt bei Gelbke!)	Major.
Neander.	Neander.	M. Caspar Neander, Pfarrer zu Löbschütz.	Neander.
Gerhard.		M. David Scharff.	Scharf.
desgl.		desgl.	desgl.
desgl.	Gerhard.	Gerhard.	Gerhard.

erscheint, werden wir uns mit einem blossen „non liquet" begnügen müssen.

Als Glossator von Genesis wird von sämtlichen hier angeführten Berichterstattern Gerhard genannt, als Glossator von Exodus mit Stimmenmehrheit Joh. Ilschner. Calov nennt gar keinen Namen; er sagt überhaupt von denjenigen Büchern, welchen er den Namen eines Glossators nicht beigefügt hat: „de reliquis libris Biblicis non constat, a quibusnam elaborati sint, quod forte a Revisoribus operis factum," doch dass die

„libros historicos partim B. D. Joh. Himmelius, partim B. Hubmeierus, Superint. Heldburgens., nimirum libros Regum et Paralipomenon, partim M. Paul Slevogt, utpote Esdram et Nehemiam" verfasst habe. Olearius hingegen schreibt die Bearbeitung einer Reihe biblischer Bücher, deren Glossatoren ihm jedenfalls unbekannt geblieben sind, dem Dilherr zu. Er sagt: „Joh. Mich. Dilherro quoad Jobum et cetera elaborata, revisa et edita". Jedenfalls ist Ilschner der Bearbeiter von Exodus gewesen; möglich wäre, dass Dilherr ihn revidiert hat.

Der Glossator von Leviticus ist höchstwahrscheinlich Elsner (seit 1633 Prof. der orient. Sprachen u. D. theol. i. Erfurt; seit 1642 Prof. d. Theol., † 16. Januar 1662). Wenn Rudolphi als solchen Wagner nennt, so ist nach den weiteren, bereits erwähnten Berichten Rudolphi's und Gelbke's, dass nämlich viele der eingelieferten Arbeiten „sowohl ratione styli als rerum" nicht zweckentsprechend angefertigt waren und darum teils wieder an andere verteilt, teils von den Revisoren selbst umgearbeitet wurden, denkbar, dass die von Wagner eingesandte und nachträglich unzureichend befundene Bearbeitung von Leviticus entweder beiseite gelegt und durch eine neue Bearbeitung von Elsner ersetzt wurde, oder dass sie nur eine Umarbeitung durch letzteren erfahren habe; ganz dieselbe Annahme gilt von Numeri, über deren Glossator Mayer nichts vermerkt hat.

Das Deuteronomion hat nach Stimmenmehrheit Wagner glossiert; dass auch Evenius, der nach Beck nicht zu den Glossatoren gehört (vgl. oben!), einige Beiträge dazu geliefert hat, ist wahrscheinlich. Wie weit sich Grosshain (Georg, seit 1633 Prof. in Erfurt, seit 1637 Hofprediger in Weimar, † 9. September 1638) hieran beteiligt hat, lässt sich nicht feststellen. Leviticus, Numeri und Deuteronomion wurden von Gerhard revidiert und nach letzteren Tode sämtliche Bücher Mosis einer nochmaligen Revision von Major, Himmel und Dilherr unterworfen; am 26 Juni 1638 wurden sie druckfertig eingeschickt (vgl. Gelbke u. Beck).

Als Glossatoren der Bücher Josua, der Richter und Ruth werden Mylius (Anton, † 10. Februar 1655 als Superint. in Kranichfeld), Sommer und Himmel genannt. Es ist wahrscheinlich, dass (wiederum auf Grund der vorigen Berichte Rudolphi's und Gelbke's) die ursprünglich von Sommer angefertigte Bearbeitung genannter Bücher dem Mylius zur weiteren Vervollkommnung übergeben nnd dann von Himmel und zwar Enoch Himmel († 31. Mai 1666 als Superint. in Torgau), der nach Gelbke anstatt seines Vaters Johann Himmel mit der Revision beauftragt worden war, (und vielleicht auch von Dilherr nach Olearius) revidiert worden sind.

Die Bearbeitung der Bücher Samuelis fällt offenbar ihrem grössten Umfange nach Hubmeier (seit 1632 Superint. i. Heldburg, † 9. December 1637) zu.

Die Bücher der Könige und der Chronik sollen, wie einige annehmen, von Himmel, andere, von Mose (Archidiac. in Ohrdruff bis 1645, dann Superint. daselbst, † 1676)[91]) und Müller, noch andere, von Hubmeier bearbeitet worden sein. Es ist wahrscheinlich, dass die von Himmel eingelieferte Erklärung genannter Bücher (vgl. Rudolphi's Bericht über Himmel's „Explication") zur nochmaligen Bearbeitung Hubmeier übertragen wurden, wozu, möglicherweise nach dessen Tode, auch Mose (zu den Büchern der Könige) und Müller (zur Chronik) Beiträge geliefert haben.

Die Bücher Esra, Nehemia und Esther sind offenbar von Slevogt (Paul, seit 1625 Prof. der griech. u. hebr. Sprache in Jena, seit 1654 Prof. der Logik u. Metaphysik das., † 22. Juni 1655), Job dagegen von Dilherr glossiert worden. Gelbke berichtet weiterhin, dass der Job dem Prof. Slevogt übertragen worden ist, vielleicht auf Grund der stattgefundenen Revision. Immerhin ist anzunehmen, dass Dilherr der Hauptglossator von Job gewesen ist.

Über die Psalmen berichtet Tenzel: „Quisquis hanc nostram recensionem contendere cum aliis voluerit, multas differentias deprehendet, sed nullibi forte majorem, quam in Psalmos. Horum enin Paraphrasin communiter Glassio adscribunt. Verum eos refellit non tantum adiecta Superintendentis Gothani dignitas, quae Glassio demum an. CIƆ IƆ CXL collata est, ut audivimus, cum totum opus prelo iam esset paratum; verum etiam disertum

---

[91]) Brückner a. a. O. III, 10, 58 ff; Gelbke, Kirch.- u. Schul.-Verf. II, 2, 592 f.

in Catalogis autographis M. Waltheri, nomen, qui an. XXXVI adhuc Superintendens Gothanus erat; nec alia de causa Psalmos omnes non videtur absolvere potuisse, quam quia Brunsvigam abiit, ut supra vidimus. Ouo facto reliqui Psalmi indicatis binis Pastoribus ad illustrandum traditi fuerint. Utcunque sit, Glassius potius ineunte Biblico Opere Sondershusae adhuc Superintendentem egit, ibique Archi-Diaconum Ilschnerum ad studium Exodo impendendum commendavit." Dementsprechend schreibt auch Tenzel in den „Suppl. Hist. Goth." die ersten 60 Psalmen dem Superint. Walther (Balthasar, seit 1621 Superint. in Gotha, seit 1636 Superint. in Braunschweig, † 15. November 1640),[92]) die zweiten 60 dem Pastor in Schwerstedt,[93]) die letzten 30 dem Pastor in Döbritschen[94]) zu. In den „Monatlichen Unterredungen v. J. 1693" nennt Tenzel als Verfasser der ersten 60 Psalmen Glassius. Mit ersterem Berichte Tenzel's stimmen, wie die Tabelle zeigt, die Angaben von Eyringius und Rudolphi überein, nur dass letztere die Psalmen 60 bis 100 dem Pfarrer in Schwerstedt und die Psalmen 100 bis 150 dem Pfarrer in Döbritschen zuschreiben. Eyringius sagt nämlich, dass die „Psalmos L. ultimos (100—150) Pastor Dobertschenensis" glossiert habe; „Horum notas revidit et correxit Glassius, cui propterea ab aliis totus Commentarius et Psalterium adscribitur." Diese Berichte bei Tenzel und Eyringius werden durch die diesbezüglichen Mitteilungen bei Rudolphi und Gelbke zu ergänzen sein. Rudolphi schreibt: „und nahm insonderheit Glassius über sich das Psalterium, richtete dasselbige | mit Zurücksetzung anderer Glossen | auf die Masse ein | wie es anjetzo noch vorhanden;" Gelbke berichtet: „Dem Superint. Walther wurde sein Pensum wegen seiner Versetzung nach Braunschweig wieder abgenommen. Die Psalmen waren gar nicht so bearbeitet, wie es der Herzog wünschte. Der Pfarrer Seiler hatte sogar seine Aufgabe in lateinischer (!) Sprache

---

[92]) „Annales Qualtheriani" bei Brückner a. a. O. II, 7, 82 ff; Sagittarius a. a. O. S. 181.

[93]) Daniel Seiler seit 1632 Pastor in Schwerstedt, 1637 Hofdiacon. in Weimar, 1644 Pfarrer in Mehlis, † 6. August 1678 als Superint. i. Ichtershausen.

[94]) M. Friedr. Thimoth. Nicolai, Pfarrrr zu Döbritschen, seit 1641 Pastor in Löberschütz.

commentirt. Daher rescribirte der Herzog an Glassen, damals Superintendent zu Sondershausen: Da das Psalterium das vornehmste Buch der heil. Schrift wäre, so wünsche er, dass dasselbe von einem so angesehenen und gelehrten Theologen, wie er wäre, glossirt werden möchte. Die Antwort hierauf findet sich zwar nicht bey den Acten, aber wahrscheinlich hat Glass diesem schmeichelhaften Antrage ein Genüge zu leisten gesucht." Eyringius hinwiederum bemerkt weiter: „Ipse Glassius vocat se Autorem annotat. Psalterii Philolog. S. p. 1491, ubi contra Nihusium de proposito scopo circa haec Biblia disserit". Da auch die übrigen Berichterstatter Glassius als Glossator der Psalmen bezeichnen, so dürfte aus alledem zu folgern sein, dass diesem der Hauptanteil an der Bearbeitung derselben zukommt.

Während den Prediger und das Hohelied unzweifelhaft Glassius glossiert hat, kann diesem doch nur ein Anteil an der Bearbeitung der Sprüchwörter Salomos zugesprochen werden, und Meyfart (Joh. Matthäus seit 1633 Prof. in Erfurt, † 1642) wird als Hauptglossator der letzteren zu bezeichnen sein. Zwar glauben Calov, Olearius, Pfefferkorn und Mayer die Bearbeitung sämtlicher Schriften Salomos Glassius zusprechen zu müssen, wie denn auch Eyringius berichtet: „Glassio a quibusdam omnia scripta Salomonaea una cum Psalterio attribuuntur. D. Volck in Carm. grat., quod praefixum est Glass. L. IV Exeges., dicit: Glassium interpretem fuisse Eccles. Prov. Cant. Cantic. Joann. Evang.", dennoch aber dürfte diese Annahme nicht volle Wahrscheinlichkeit haben. Bemerkt doch Eyringius: „Proverbia quidem D. Joh. Matth. Meyffartus exposuit; sed quia commentatio eius stylo nimis sublimi concepta videbatur, alia a Glassio substituta. Nach Gelbke wurde die Revision der Proverbien dem Glassius übertragen.

Jesaias wurde ohne Zweifel von Weber (Joh., D. theol u. Superint. in Ohrdruff, † 1653) glossiert.

Als Glossator des Jeremias wird von der Mehrzahl Grosshain, von Mayer aber Kromayer (Joh., seit 1627 Generalsuperint. in Weimar, † 13. Juli 1643), von Eyringius endlich Grosshain und Kromayer angegeben; letzterer Angabe ist wohl der Vorzug zu geben, und wahrscheinlicherweise hat sich Kromayer an der Bearbeitung des Jeremias irgendwie beteiligt. Übrigens wurden Jesaias und Jeremias Gerhard zur Revision übertragen. (Vgl. Gelbke!) Nach allgemeiner Übereinstimmung hat Kesler (Andreas, seit 1635 Generalsuperint. in Koburg, † 15. Mai 1643) den Ezechiel glossiert. Der eigentliche Glossator von Daniel dürfte Gerhard sein; inwiefern Kesler an der Glossierung von Daniel Anteil genommen, lässt sich aus den Berichten nicht feststellen. Was Hoseas, Joel und Amos anlangt, so hat er wahrscheinlich Zapf (Nicolaus, D. theol., seit 1637 Prof. der hebr. Sprache in Erfurt, seit 1642 Kirchenrat in Weimar, seit Kromayers Tode [1643] Generalsuperint. das., † 29. August 1672) hauptsächlich zu ihrer Bearbeitung beigetragen; ob und inwieweit der von Mayer erwähnte Thilo[95]) daran Anteil genommen, darüber fehlen die Nachrichten. Ebenso ist nichts weiter über die Beteiligung des von Mayer erwähnten Scheccius an der Glossierung der kleinen Propheten von Obadja bis Zephanja bekannt. Möglich wäre es, den schon wiederholt angeführten Berichten Rudolphi's und Gelbke's gemäss, dass Thilo die Bearbeitung der drei ersten kleinen Propheten von Zapf und die des Propheten Obadja von Wallenberger (Val., seit 1621 Pfarrer in Efurt, † 1639), Scheccius hingegen die Bearbeitung der kleinen Propheten von Jonas bis Zephanja von Wallenberger überkommen, und diese (Thilo und Scheccius) nunmehr dieselben umgearbeitet oder erweitert hätten. Doch bleibt diese Ansicht eben nur Hypothese.

---

[95]) Die „Familia Thiloniana" gehört zu den vornehmsten Familien Gotha's, die Rudolphi a. a. O. III, 267 ff erwähnt. Als Stammvater gilt Volckmar Thilo, Bürger in Friedrichrode; dessen Sohn war Johannes Thilo, geb. 1551, Bürgermeister in Gotha, † 20. Oct. 1623. Dieser hatte aus zwei Ehen eilf Kinder, darunter den M. Johannes Thilo, geb. d. 21. März 1579, Diaconus zu Waltershausen, seit 1624 Pfarrer in Fröttstädt, † 1626; sodann den Liborius Thilo, geb. d. 24. Februar 1594, Phil. Mag. und seit 1626 Diaconus i. Gotha, † 24. Nov. 1675; endlich den M. Johann Josua Thilo, geb. d. 31. Dezemb. 1607, seit 1636 Pfarrer in Fröttstädt, seit 1658 Pfarrer in Ruhla, † 27. Dezember 1690. Möglicherweise hat Mayer diesen letztgenannten gemeint. Vgl. Rudolphi a. a. O. III, 289; Sagittarius a. a. O. S. 198; Brückner a. a. O. I, 9, 91.

Dass Evenius die Propheten Zephanja und Haggai, sowie Zacharias und Malachias, welch' letztere jedenfalls Walther glossiert hat, einer genaueren Revision unterworfen habe, ist nicht unwahrscheinlich, und möglicherweise der Grund, weshalb Evenius als Glossator hier Erwähnung findet. Nach Gelbke soll der Prophet Zacharias dem Dilherr zur Revision zugeteilt worden sein. Die Propheten Obadja bis Haggai wurden, wie Beck bemerkt, von Gerhard revidiert und „fast ganz neu gemacht".

Als Glossator von Judith, dem Buche der Weisheit und von Tobias nennen die einen Schröter (Sebastian, Pfarrer a. d. Michaeliskirche in Erfurt, † 13. Septbr. 1650 als Prof. der hebr. Sprache und Moral in Erfurt), die anderen Kesler; am meisten Wahrscheinlichkeit besitzt wohl den Berichten gemäss die Angabe von Eyringius, dass nämlich Schröter die genannten Bücher glossiert, Kesler sie revidiert und corrigiert habe.

Als Glossator des Buches Jesus Sirach oder Ekklesiastikus wird einstimmig Mengering (Arnold, seit 1635 Hofprediger in Altenburg, 1638 D. theol. in Jena, 1640 Superintendent in Halle, † 12. Januar 1647) bezeichnet.

Die Bearbeitung des Buches Baruch und der Apocryphen schreiben die einen Ritter, die anderen Kesler zu. Und zwar sind nach Rudolphi von Ritter folgende Apocryphen glossiert: B. 1, 2 und 3 der Maccabäer, Stück in Esther, Stück in Daniel, Gebet Manasse, B. 3 und 4 Esra; nach der Thür. Chronik (Pfefferkorn) hat Ritter nur die Bücher der Maccabäer, die übrigen Apocryphen Kesler glossiert; nach Mayer hat Kesler folgende Apocryphen bearbeitet: B. 1 und 2 der Maccabäer, Fragm. Esther, Historiae Susannae et Danielis, Historia Beli, Historia Draconis, Oratio Asariae, Canticum triumvirorum, Oratio Manassis, B. 3 und 4 Esra; nach Gelbke wurden zu weiterer Bearbeitung die Bücher Esra und der Maccabäer Kesler übertragen. Eyringius endlich berichtet, dass Kesler Ritters Bearbeitungen von Baruch und den Apogryphen revidiert habe. Es ist jedenfalls diese wenn auch sehr allgemein gefasste Angabe den bisherigen Berichten gemäss die wahrscheinlichste; dabei bleibt die Annahme nicht ausgeschlossen, dass Kesler vieles neu bearbeitet hat.

Die Bearbeitung von Matthäus und Marcus fällt jedenfalls zum grossen Teile Prätorius (Hieronymus, seit 1635 Hofprediger in Weimar, 1637 Superint. in Schleusingen, 1642 Superint. in Schmalkalden, † 23. Dezember 1651) zu; wann und inwieweit sich Grosshain an der Glossierung von Matthäus, und Cellarius (nach Mayer) an der von Marcus beteiligt haben, muss dahingestellt bleiben.

Als Glossator von Lucas wird an erster Stelle Prätorius genannt, sodann Braun; am wahrscheinlichsten ist wohl wiederum die Angabe von Eyringius, dass neben Prätorius auch Braun an der Bearbeitung von Lucas Anteil genommen. Möglich wäre, dass Prätorius das meiste dabei geleistet hat.

Obwohl Mylius nach Stimmenmehrheit das Evangelium Johannis bearbeitet haben soll, werden wir trotzdem Glassius als Glossator des letzteren anzusehen haben. Eyringius schreibt: „Johannem M. Antonio Mylio primitus assignatum, D. Glassius aliter elaboravit," und dementsprechend berichtet Beck: „Die Erklärung des Hofpredigers M. Anton Mylius zu Cranichfeld, dem die Arbeit anfangs übertragen worden war, wurde ganz bei Seite gesetzt (1639)." Wenn Mayer den Joh. Gerhard als Glossator des Evang. Johannis nennt, so ist die Annahme möglich, dass Gerhard die erste Revision der Arbeit des Mylius übernahm.

Die Apostelgeschichte ist nach übereinstimmenden Zeugnissen von Major bearbeitet worden.

Über die Glossatoren der paulinischen Briefe herrscht die grösste Verschiedenheit in den Angaben. Höchst wahrscheinlich sind die Corintherbriefe von Himmel (Joh.); die übrigen paulinischen Briefe bis einschliesslich den Philipperbriefen waren nach Rudolphi dem Prof. Joh. Himmel zur Bearbeitung übergeben worden. Da jedoch diese, weil Himmel sie Studenten übergeben hatte, nicht für ausreichend befunden wurde (vgl. oben!), sind nachträglich andere mit den dem Prof. Joh. Himmel zugedachten Arbeiten betraut worden. Bei der, wie gesagt, grossen Verschiedenheit der Angaben, kann es nur eine Hypothese sein, dass Lidbach und Lappe (Nikodemus, seit 1629 Superint. in Arnstadt, † 8. November 1663) nachträglich Beiträge zum Römerbriefe geliefert haben, dass neben Lappe auch Sutorius

und Zapf an der Glossierung der Galater-, Epheser-, Philipper-
und Colosserbriefe beteiligt gewesen. Dasselbe gilt von der
Annahme, dass neben Lappe auch Zapf und Sutorius Glossatoren
der Thessalonierbriefe, der Timotheusbriefe und des Titusbriefes
gewesen, dass unter anderen auch Seiler als Glossator des
Philemonbriefes zu betrachten sei. Jedenfalls sind auf Grund
der verschiedenen Berichte alle bestimmten Annahmen ausgeschlossen; wahrscheinlich ist, dass Lappe das meiste an der
Glossierung der paulinischen Briefe beigetragen.

Dass Verwechslungen der Namen einzelner Glossatoren
von seiten der Berichterstatter vorgekommen, wäre gleichfalls
nur eine mögliche Annahme. So z. B. behaupten willkürlich
„die hochgelahrte Verfassere der unschuldigen Nachrichten in
Anno 1704 pag. 398" (vgl. oben!), dass Tenzel und Eyringius
die Namen Nic. Zapfius nnd Nikodemus Lappius verwechselt
haben.

Die Bearbeitung des Petrusbriefes fällt jedenfalls Scharf
zu; wahrscheinlich hat auch Seiler daran teilgenommen.

Die Johannesbriefe hat nach allgemeiner Übereinstimmung
Major, die Hebräerbriefe wohl ebenso sicher Neander glossiert.

Über die Bearbeiter des Jacobus- und des Judasbriefes
herrscht wiederum Verschiedenheit in den Angaben. Die natürlichste Annahme ist wohl, dass Scharf dieselben glossiert und
Gerhard sie revidiert und corrigiert habe. Ob Zapf an der Bearbeitung des Judasbriefes beteiligt gewesen, erscheint zweifelhaft.

Glossator der Ayocalypse ist jedenfalls Gerhard.

Die schon erwähnte Angabe des Olearius, dass alle diejenigen biblischen Bücher, welchen er den Namen eines Glossators
nicht beigefügt hat, von Dilherr elaboriert, revidiert und ediert
seien, ist gemäss den angeführten diesbezüglichen Mitteilungen
der anderen Berichterstatter als unzuverlässig zu betrachten.

Der Bericht über die Vergleichung der jüdischen Monate,
Maasse, Münzen und Gewichte „wobey der Bünting zum Grunde
gelegt werden musste" (Gelbke) wurde vom Amtmann und Prof.
d. Math. H. Hofmann zu Jena verfertigt, die Zeichnungen der
Karten, der Stiftshütte, des Tempels zu Jerusalem und des
Stammbaumes Christi vom Prof. Spindler zu Koburg, die histori-

schen Nachrichten zu den Kupfern der fürstlichen Personen vom Hofrath Hortleder, die Vorrede und Instruktion und die gleichförmige Rechtschreibung von Sal. Glassius. Das Bibelwerk erschien in den Jahren von 1643 bis 1720 in 12 Auflagen. Die vorzüglichsten Ausgaben waren die beiden ersten (1643 u. 1644). Trotz der bisweilen etwas breiten Erklärungen wurde es doch von der evangelischen Kirche mit allgemeinem Beifalle aufgenommen und als Autorität citiert.[96])

Es führt den Namen „Weimarisches Bibelwerk", weil, nach Rudolphi, Herzog Ernst im Gartenhause zu Weimar die erste Idee dazu gefasst habe, nach Tenzel: „Vinarensia (sc. biblia), partim quia ab Ernesto Pio ex linea Vinarensi orto, et adhuc Vinariae degente coepta sunt, partim quia eius frater Vinariae aulam retinens, Dux Wilhelmus, haud spernendum pecuniae subsidium contulit"; nach Eyringius: „ab oppido et sede Principum, qui Auspicem Ernestum proxima cognatione attingebant." Das Bibelwerk wird ferner nach seinem Urheber „das Ernestinische", nach seinem Druckorte „das Nürnbergische" genannt; und da die jenaischen Theologen die hauptsächlichsten Glossatoren waren, heisst es auch „die jenaische Bibel".

Ausser diesem Bibelwerk liess Herzog Ernst zur Beförderung der Frömmigkeit noch mehrere geistliche Bücher anfertigen und durch den Druck veröffentlichen.[97])

Ein treuer Bekenner des lutherischen Glaubens, verordnete er, dass dessen Bekenntnisschriften in jeder Kirchenbibliothek niedergelegt würden, und veranstaltete für die Schullehrer eine Ausgabe des „Concordienbüchleins". Feind aller religiösen Fehden wollte er durch Überzeugung nicht durch Machtgebot den immer heftiger entbrennenden religiösen Streitigkeiten zwischen Calixt und dem strengen Luthertum ein Ziel setzen. Mit Wärme suchte er in späteren Lebensjahren (1672) die vom

---

[96]) Calov (vgl. oben!) nennt es eine biblia „a praecipuis, magnique nominis Theologis elaborata, quae cum Osiandrina non raro integris Commentariis praestat et ob locorum parallelorum sedulam collationem multum ad sensum Scripturae enucleandum facit."

[97]) Rudolphi a. a. O. I, 68; Eyringius a. a. O. S. 75; Gelbke, Kirch.- u. Schul.-Verf. I, 10; Gelbke, Herz. E. d. E. II, 173 f.

Lübecker Theologen Nicolaus Hunnius gefasste Idee, d. i. ein Collegium von ausgezeichneten Theologen zu stiften, das nicht blos für Sachsen, sondern für die ganze lutherische Kirche die Stelle eines geistlichen Obertribunals zur endgültigen Entscheidung aller Religionszwiste vertreten sollte, zu verwirklichen und war bemüht, die anderen Fürstenhäuser für sein Unternehmen, wozu er mittelst Fundation vom 23. October 1672 ein Capital von 200 000 Rthlr. ausgesetzt hatte, zu gewinnen. Doch scheiterte sein Plan gerade an der Teilnahmslosigkeit der Fürsten und an der gutachtlichen Meinung der theologischen Facultät zu Giessen.[96])

Nach dem Tode des ältesten Bruders, des Herzogs Johann Ernst von Eisenach, der, wie erwähnt, seinem jüngeren Bruder Ernst Anteil an den Regierungsgeschäften gewährt hatte, war im Jahre 1640 eine Erbteilung zwischen den drei Weimarischen Brüdern erfolgt, in welcher Weimar dem Herzog Wilhelm, Eisenach dem Herzog Albrecht und Gotha dem Herzog Ernst zufiel. Nach dem Tode Albrechts (1644) teilten sich die beiden Brüder in die Eisenach'schen Lande, bis schliesslich im Jahre 1672 auch Altenburg und Koburg in den Besitz Herzog Ernst's kamen.[99])

Nach dem Herzog Ernst am 24. October 1640 seinen feierlichen Einzug in die Stadt Gotha gehalten hatte[100]), erliess er am 15. Dezember desselben Jahres an alle seine Unterthanen geistlichen und weltlichen Standes ein Ausschreiben, worin er den traurigen Zustand seines Landes schilderte und eine allgemeine Kirchen- und Schulvisitation ankündigen liess, um die Mängel und Gebrechen seines Landes kennen zu lernen und geeignete Mittel zu deren Abhilfe schaffen zu können. Diesem Ausschreiben war ein Verzeichnis etlicher Artikel beigefügt, welche die Pfarrer und Beamten des Fürstentums Gotha zuvor

---

[96]) Rudolphi a. a. O. I, 64; Tenzel a. a. O. 940 ff; Eyringius a. a. O. S. 110 ff; Galletti a. a. O. I, 266 ff; Gelbke, Herz. E. d. E. II, 1 ff u. 28 ff. u. III, 110 ff; Gelbke, Kirch.- u. Schul.-Verf. I, 186 f. Anmerk. u. I, 314 ff; Tholuck, Lebensz. d. luth. K. S. 45 ff; Beck a. a. O. I, 617 ff.

[99]) Rudolphi a. a. O. I, 58 ff; Tenzel a. a. O. S. 891 f.

[100]) Rudolphi a. a. O. I, 58; Tenzel a. a. O. S. 893 f; Gelbke, Herz. E. d. E. I, 99.

beantworten sollten. Indessen kam die beabsichtigte Generalvisitation einstweilen nicht zur Ausführung infolge der ernsten Einwendungen des Generalsuperintendenten Kromayer zu Weimar, der im Verein mit den Professoren Major und Dilherr zu Jena die Berechtigung eine Kirchen- und Schulvisitation abzuhalten allein dem Consistorium zusprach.[101]) Desto rüstiger schritt Herzog Ernst einstweilen zu einer Verbesserung des gothaer Gymnasiums. Es soll nicht meine Aufgabe sein, auf die Verdienste Herzog Ernst's um das höhere Schulwesen seines Landes näher einzugehen; sie mögen daher nur kurz berührt werden. Andreas Reyher[102]) († 2. April 1673) wurde im September 1640 aus Schleusingen als Rektor nach Gotha berufen, und eine Kommission zur Untersuchung der im Schulwesen eingerissenen Mängel festgesetzt. Diese Untersuchung dauerte mehrere Jahre, und das Resultat derselben war eine gänzliche Umgestaltung des gothaer Gymnasiums. Reyher arbeitete auf des Herzogs Befehl eine „Instructio, wie die beiden untersten Klassen in dem Gymnasium zu Gotha ratione pietatis et lectionum zu bestellen seien 1641" aus; für die zu den wissenschaftlichen Studien bestimmte Jugend der oberen Klassen wurde als Grundsatz festgestellt: „dass zwar nächst dem exercitio pietatis das Fundamentum studiorum die lateinische Sprache, dass aber ausser dieser, ausser der griechischen und hebräischen, zur Erweckung und Stärkung des Nachdenkens, sowie zur Vorbereitung auf den akademischen Unterricht, Geschichte, Mathematik, Philosophie, besonders Logik und Rhetorik, ferner die Grundsätze der Poesie, Beredsamkeit und Musik vorgetragen werden müssten." In der Folge (1645) stiftete der Herzog auf Vorschlag Reyher's und nach Begutachtung der philosophischen Fakultät der Universität Jena zur Vervollkommnung des Gymnasiums und zur gründlicheren Vorbereitung für das Universitätsstudium zwei neue Klassen (classis selecta und classis septima), in welchen die philosophischen

---

[101]) Rudolphi a. a. O. I, 58; Tenzel a. a. O. S. 894; Gelbke, Herz. E. d. E. I, 100 f; Heppe a. a. O. II, 210 f.
[102]) Über Reyher vgl. Rudolphi a. a. O. III, 110 u. 333; Sagittarius a. a. O. S. 208 ff; Galletti a. a. O II, 283; Beck a. a. O. II, 56.

Wissenschaften und besonders die praktische und theoretische
Philosophie, die Sternkunde und die Grössenlehre etwas genauer
gelehrt werden sollten. Es ist charakteristisch für die damalige
Zeit, dass Latein und besonders Griechisch, dass das Lesen der
alten lateinischen und griechischen Klassiker auf Kosten der
Muttersprache und des Französisch vernachlässigt wurden. Im
Unterricht des Griechischen kamen meistens nur Grammatik
und Neues Testament zur Behandlung. Herzog Ernst hat das
Verdienst, die alten Klassiker (Isokrates, Theognis, Aesopus,
Cicero, Justinus, Nepos, Terentius, Plautus etc.) wieder in das
gothaer Gymnasium eingeführt zu haben. Zudem sorgte er für
Einführung zweckmässiger Lehrbücher, wie der Comenii Janua,
des Comenii Vestibulum, des Vocabulum Comenianum, einer
Schola Latinitatis, Logica, Physica, einer Umarbeitung des Compendium Hutterianum pro triplici cursu von Sal. Glassius, eines
Compendium historiae ecclesiasticae [103]) unter Leitung Veit's von
Seckendorf herausgegeben etc.

Ebenso erliess der Herzog treffliche Verordnungen (1641
und 1663) für die sittliche Förderung der Schüler. Fleissige
Schüler erhielten erhebliche Unterstützungen. Die Gehälter der
Lehrer erhöhte er, gewissenhafte Lehrer ermunterte er noch durch
besondere Gnadengeschenke. Das gothaer Gymnasium galt bald
selbst über Deutschlands Grenzen hinaus als Mustergymnasium. [104])

---

[103]) Inbetreff des letzteren bemerkt Eyringius a. a. O. S. 71 f., nachdem
er einige der gebräuchlichsten unter Herzog Ernst in das gothaer Gymnasium
eingeführten Lehrbücher aufgezählt: „Dum reliquos omnes consulto praetereo,
facere tamen non possum, quin utilissimi elegantissimique libri, qui vulgo
Historia Ecclesiastica Gothana dicitur, mentionem faciam, quippe quae eruditis
probatur omnibus imprimis et propter ordinem et elegans scriptionis genus et
nervosam brevitatem, in quo et Boeclerus, et Seckendorffius et Artopoeus
elaborarunt. Nonnulli quaedam in eo desiderarunt, sed manet libro sua laus,
et viri eruditi cordatique jussum Ernesti juventuti tam salutarem magno consensu venerantur." Böckler erhielt für seine Bemühung bei der Abfassung
genannten Geschichtswerks 200 Thaler; dem Seckendorf verschaffte Herzog
Ernst die Materialien zu seiner Geschichte des Luthertums und Friedr. Hortlern zur Geschichte des schmalkaldischen Krieges.

[104]) Sagittarius schreibt: „Et vero ex hoc gymnasio Reyherianaque disciplina, tamquam ex Trojano equo, celeberrimi Theologi, Icti (= ICti = Juris-

In gleicher Weise sorgte er für eine bessere Besoldung
der Professoren an der Universität Jena. Dem wüsten Treiben
der studierenden Jugend, dem Unwesen des Pennalismus trat
er energisch entgegen.[105])
Durch Rescript vom 13. October befahl der Herzog den
Superintendenten und Adjuncten die Schulen ihrer Bezirke zu
visitieren,[106]) die Pfarrer, Schullehrer und Ältesten der Gemeinden
über gewisse Fragepunkte[107]) zu vernehmen und ihm über das
Ergebnis der Visitation unter Einsendung der Protokolle Bericht
zu erstatten. Diese Schulvisitation wurde, da sich die meisten
Bewohner des Landes wegen der damaligen Kriegsunruhen in
der Stadt Gotha befanden, in der zweiten Klasse des Gymnasiums
abgehalten. Die Fragepunkte bei der Schulvisitation handelten
über Schuleintritt (nicht vor dem fünften Jahre!), regelmässigen
Schulbesuch, Fortschritte der Schüler, über Religions-, Schreib-,
Lese- und Rechenunterricht, Musik, Lehrmethode, Schulexamina,
Schullisten, Unterordnung des Lehrers unter die Befehle des
Superintendenten und Pfarrers etc.

Nach Beendigung dieser Schulvisitation machte Herzog
Ernst unter dem 12. November 1641 bekannt, dass die bereits
angekündigte Generalvisitation sämmtlicher Kirchen und Gemeinden stattfinden würde. Diese Visitation, zu deren Vollziehung
der Consistorialrath Strauss, der Generalsuperintendent Sal.

---

consulti). Medici, Philologi, Philosophi, Mathematici, magno numero prodierunt:
ut taceam, ex lectissimis eius scriptis variis, tum discipulos, tum alios eruditos,
ac discendi cupidos singularem fructum hausisse." Sagittarius a. a. O. S. 211;
Galletti a. a. O. I, 244 f u. 286 u. 289; II, 192 ff; Brückner a. a. O. III, 5, 1 ff;
Gelbke, Kirch.- u. Schul.-Verf. I, 70 f; Gelbke, Herz. E. d. E. I, 101 ff; Schulze
a. a. O. S. 111 ff; Beck a. a. O. I 507 u. 513 ff; Schmidt a. a. O. III, 313.

[105]) Gelbke, Herz. E. d. E. I, 127 f; Beck a. a. O. I, 501 f; über den Pennalismus vgl. Rudolphi a. a. O. IV, 58 ff; Tholuck, Das akademische Leben des
17. Jahrhunderts. T. I (Halle 1853) S. 281 ff; Raumer a. a. O. IV, 38 ff; Schmidt
a. a. O. III, 200 ff.

[106]) Über die folgenden Kirchen- u. Schulvisitationen vgl. Gelbke, Herz.
E. d. E. a. a. O. I, 99 ff; Brückner a. a. O. II, 9, 1 ff; Heppe a. a. O. II, 210 ff;
Beck a. a. O. I, 520 ff.

[107]) Herz. E. d. E. III, 41 ff; Vormbaum a. a. O. II, 360 ff.

Glassius, der Hofprediger Brunchorst und der Hofjunker von Miltitz als Commissare gewählt waren, nahm den 18. November desselben Jahres ihren Anfang. Die Commissare hatten die einzelnen Pfarrer und Gerichtsherrn von ihrer Ankunft schriftlich zu benachrichtigen, bei dieser die Eingepfarrten durch Glockenschlag zu versammeln, zunächst die Erwachsenen im Katechismus und Bibel zu examinieren und darauf das Schulexamen, wozu auch die Kinder der Adlichen mit ihren Hauslehrern erscheinen mussten, vorzunehmen. Vor Entlassung jeder Gemeinde sollte ein Ausschuss ihrer Ältesten, in den Städten die Bürgermeister, in den Dörfern die Schultheissen und Altaristen mit Zuziehung des Pfarrers an einen beliebigen Ort zur Vernehmung über die der Instruction beigefügten Fragepunkte beschieden werden. Endlich sollte mit den Pfarrern selbst eine freundliche Conferenz gehalten und erforscht werden, wie sie „in lectione biblica, libris symbolicis und libris theologicis beschaffen seien, ob sie cognitionem historiae ecclesiasticae et linguarum orientalium habe, und wie er in practicis fundirt, auch ob sie ihre Predigten zur Erbauung der Zuhörer wohl einrichteten". Die übrigen Fragepunkte an die Pfarrer und Schuldiener behandelten eingehender Gegenstände in Kirchen-, Schul-, Disciplin- und Polizeisachen.[109]) Die auf dieser allgemeinen Visitation, welche fünf Jahre währte, gemachten Erfahrungen wurden grundlegend und massgebend für die folgende Kirchen- und Schulgesetzgebung.

Die grosse Unwissenheit, welche sich bei dieser Visitation sogar in den notwendigsten Wahrheiten der christlichen Religion unter den Erwachsenen zeigte, veranlasste den Herzog im Jahre 1642 zu einer Beratung mit dem Superintendenten Wangenheim, den Adjuncten im Lande und den drei Diaconen zu Gotha, wobei acht Fragepunkte zur näheren Erörterung kamen, in welchen es sich hauptsächlich darum handelte, ob nicht der Pfarrer ein besonderes Verzeichnis der Unwissenden anzufertigen und eine bestimmte Zeit zu deren Belehrung festzusetzen habe, wobei man sich eines dazu angefertigten Auszuges aus dem

---

[106]) Rudolphi a. a. O. IV, 147 ff; Gelbke, Herz. E. d. E. III, 44 ff.

Katechismus bedienen könnte, endlich, welche Mittel anzuwenden
seien, um die Leute zum fleissigen Besuch des Gottesdienstes
und der Information zu nötigen. Die Commission hielt darauf
am 19. und 20. Juli 1642 in der Consistorialstube zwei Sitzungen
und gab einstimmig das Urteil ab, dass die vom Herzog geplante
Generalinformation durchaus nötig und nützlich sei. Es wurde
unter anderem festgestellt, dass in Städten und Dörfern nach
allgemeiner Prüfung die unwissend Befundenen aufgezeichnet,
dass für sie ein kurzer Begriff der christlichen Lehre in Fragen
und Antworten angefertigt und ihnen in den Städten und volkreichen Dörfern wöchentlich drei, in den kleinen Ortschaften
dagegen nur zwei Informationsstunden und zwar allemal in der
Kirche erteilt werden sollten. Die im Verständnis des Katechismus tüchtig Befundenen könnten zu ihrer Vervollkommnung
diesen Belehrungsstunden beiwohnen. Auch die „Honoratiores"
sollten, „sofern starke Vermutungen der Unwissenheit vorhanden
wären, nicht minder in einem absonderlichen Orte auf gewisse
Zeit mit unterrichtet werden". Für Knechte und ackerbautreibende Leute, welche die ganze Woche über beschäftigt sind,
sei eine der Lehrstunden am Sonntag Nachmittag für den Unterricht zu verwenden. Diese und andere hier nicht weiter zu
erörternde Anträge der Commission unterzeichnete der Herzog
und liess sie durch den Druck veröffentlichen unter dem Titel:
„Fürstlich Sächsisches Ausschreiben wegen angeordneter Christlichen Information und Unterrichtung der Erwachsenen Unwissenden in den notwendigsten Stücken der christlichen Lehre,
so in dem Katechismo Lutheri begriffen. Im Fürstenthum Gotha,
Datum Gotha den 31. October 1642." Zudem erfolgte die Bekanntmachung und Verlesung dieser Anträge von den Kanzeln
im ganzen Lande durch Ausschreiben vom 2. November desselben
Jahres. Zur Förderung dieser vortrefflichen Bestimmungen hatte
Herzog Ernst durch Sal. Glassius den „Kurzen Begriff der christlichen Lehre aus dem Catechismo Lutheri gezogen, vor die Erwachsenen auch Kinder in Schulen, so beiderseits die Worte
des Catechismi kennen, im Verstande aber desselben nicht genugsam gegründet sind, im Fürstenthum Gotha, Gotha 1642,"
ebenso einen „Methodus, wie der kurze Begriff der christlichen

Lehre vorzutragen und beizubringen 1642" anfertigen und veröffentlichen lassen. [109])

Der Herzog selbst reiste in den Städten und Dörfern umher, um sich von der genauen Vollstreckung seiner Anordnungen persönlich zu überzeugen. [110])

Nach Beendigung der Generalvisitation wurden auf Grund der dabei gesammelten Erfahrungen die Superintendenten, Adjuncten und Pfarrer zu einer Synode berufen, worauf am 18. August 1645 ein „Synodalschluss" zur Abänderung der Misstände in Kirchen (der gefallenen Kirchenzucht) und in Schulen (Betonung des regelmässigen Schulbesuches) festgesetzt und durch ein gedrucktes „Ausschreiben d. d. Gotha den 22. September 1645" publiciert [111]) wurde.

Vor allem aber führte das Informationswerk zur Begründung eines Volksschulwesens im Herzogtum Gotha, dessen Einrichtung, soweit es die Verhältnisse und Mittel zuliessen, auf Grund einer neuen Schulordnung erfolgte. Dieselbe erschien grösstenteils infolge der eingelaufenen Commissionsberichte, und zwar zuerst im Jahre 1642 unter dem Titel: „Special- vnd sonderbahrer Bericht | Wie nechst Göttlicher Verleyhung | die Knaben und Mägdlein auff den Dorffschaften | vnd in den Städten die vnter

---

[109]) Rudolphi a. a. O. I, 60 u. 166 f; Tenzel a. a. O. S. 896; Gelbke, Kirch- und Schulen-Verfass. I, 26 u. 30; Gelbke, Herz. E. d. E. I, 117 f u. 275; Beck a. a. O. I, 523 ff.

[110]) Rudolphi a. a. O. I, 68 berichtet: „Ja | er war im vorher erwehnten Katechismus-Werk so eyfrig | dass er offt selbst auf die Dörffer fuhr | unvermuhtet vor den Schulen abstieg | (wie ihm denn dieselbe nichts weniger, als die Personen und Nahmen der Kirch- und Schul-Bedienten | über welche er stetig einer specification im Schub-Sack bey sich führte [ein solches Verzeichnis ist abgedruckt bei Rudolphi a. a. O. II, 178!] sehr bekant waren) und sahe | wie die Kinder im Erkäntnis des Heyls unterrichtet würden; da er denn zu Veranlassung mehrern Fleisses | diejenigen | derer Fleiss vor andern vermerket wurde | beschenken lassen. Zum wenigsten musten auch die vielfältig geschlagene Müntzen und Thaler von seiner Gottseeligkeit zeugen. Wovon obengedachtes Müntz-Cabinet sattsahme Nachricht giebt." Vgl. auch Gelbke, Herz. E. d. E. I, 117.

[111]) Tenzel a. a. O. S. 904 f; Eyringius a. a. O. S. 55 u. 61; Thür. Chron. v. J. 1685, S. 107; Rudolphi a. a. O. I, 167; Gelbke, Kirch.- u. Schul.-Verf. I, 4 u. 23 u. 25; Gelbke, Herz. E. d. E. I, 135 f u. 258; Heppe a. a. O. II, 223; Beck a. a. O. I, 526 f.

dem vntersten Hauffen der Schul-Jugend begriffene Kinder im
Fürstentumb Gotha | Kurtz vnd nützlich vnterrichtet werden
können vnd sollen. Auff gnädigen Fürstl. Befehl auffgesetzt
Vnd gedruckt zu Gotha bey Peter Schmieden | Im Jahre 1642."
Es folge nunmehr eine kurze Erörterung über die verschiedenen Ausgaben genannter Schulordnung.

Auf Grund von Gelbke's Aussagen, dass die Handschrift
der gothaischen Schulordnung unter den in der Bibliothek des
gothaer Gymnasii aufbewahrten, die Revision des Gymnasii betreffenden Akten vorhanden sei,[112]) sowie auf die Mitteilung von
Chr. Ferd. Schulze hin, dass eine Vorarbeit zum Schulmethodus
von der Hand des Rectors Andreas Reyher v. J. 1641 in den
Schulakten sich vorfinde,[113]) begab sich Dr. Joh. Müller (Seminaroberlehrer in Plauen),[114]) da ihm auf seine diesbezüglichen schriftlichen Anfragen eine ungenügende Antwort zu teil geworden,
in eigener Person nach Gotha, wo es ihm gelang, unter den Acta
scholastica der Gymnasialbibliothek in dem umfangreichen Aktenfascikel Tanus III die auf Fol. 407—465 stehende und 116 Folioseiten umfassende) Originalhandschrift zur ersten Ausgabe der
später kurz „Schulmethodus" genannten Schulordnung Herzog
Ernst's aufzufinden. Ihr Titel lautete:

„Special vnd Sonderbarer || Bericht || Wie nechst Göttlicher
Verleyhung || die Knaben und Mägdlein || auf den Dorffschaften |
vnd in || den Städten die vnter den vn- || tersten Hauffen der
Schulju- || gend begriffene Kinder|| Im Fürstenthumb Gotha kurz- |
vnd nützlich vnterrichtet wer- || den können vnd sollen."

Nach sonstigen Akten im Tomus III und IV und in der
herzoglichen Bibliothek zu Gotha, sind diese Hände, wie Müller
bemerkt, keine anderen als die des Schulrectors Andreas Reyher
und des gothaischen Generalsuperintendenten Sal. Glassius, von
dem die Mehrzahl der kleineren mehr formellen Abänderungen

---

[112]) Gelbke, Herz. E. d. E. I, 120 f Anmerk.
[113]) Schulze a. a. O. S. 133.
[114]) Für die folgende Erörterung über die verschiedenen Ausgaben der
Schulordnung vgl. „Herzog Ernst's des Frommen Special vnd sonderbahrer
Bericht | Wie nechst etc. Gotha 1642". Mit kritisch-historischen und sachlichen
Erläuterungen von Joh. Müller, herausgeg. Zschopau 1883. S. 75 ff.

des Textes herrühren sollen. Namensunterschriften und Datum fehlen. Diese älteste Textvorlage musste, wie Müller nachweisst, noch vor dem 24. Nov./4. Dez. 1641 fertiggestellt sein, also etwa zu derselben Zeit oder kurz nachher, als das Fürstl. Rescript vom 13./23. Octbr. 1641 erschien, das den Superintendenten und Adjuncten eine Visitation ihrer Schulen nach Anleitung der bei Gelbke (vgl. oben!) erwähnten Fragepunkte anordnete. Die von Glassius und Reyher vorgenommene Redaktion des ursprünglichen Textes muss in die Zeit vom Dezbr. 1641 bis etwa Mitte Febr. 1642 verlegt werden, weil der Text schon anfang März 1642 gedruckt gewesen sein muss. Denn ein noch vorhandenes Fürstl. Rescript, welches die Versendung der gedruckten Exemplare an alle Schulen verordnet, datiert vom 10./20. März 1642.

Gedruckt wurde also diese Schulordnung, wie überhaupt alle folgenden Schulschriften und Verordnungen bei Peter Schmieder in Gotha, der vormals Buchdrucker in Schleusingen gewesen war. Derselbe hatte schon 1638 in Gotha eine Buchdruckerei angelegt,[115]) jedoch erst durch Vertrag vom 31. Dezember 1640 mit Herzog Ernst übernahm er gegen ein jährliches Einkommen von 30 Gulden, Befreiung von allen bürgerlichen und Kriegslasten und Braufreiheit für sich und seine Familie, den Druck aller Patente, Mandate und Befehle, welche die Regierung für nötig erachtete und zu welchem ihm das Papier geliefert wurde.[116])

Wenn Sagittarius schreibt: „Anno CIƆ IƆC XLI Ernesti Pii auspiciis, typographia Gothae fuit instituta,"[117]) was auch Tenzel versichert,[118]) so wollen diese Berichterstatter offenbar von diesem Zeitpunkt an den Anfang der Schmiederschen Buchdruckerei als

---

[115]) Beck a. a. O. II, 60.

[116]) Dieser Vertrag ist abgedruckt bei Beck a. a. O. II, 125. Von den Schulbüchern, die gewöhnlich in 3000 Exemplaren gedruckt wurden, erhielt er für den Bogen einen Pfennig; vgl. Beck a. a. O. I, 672 f; Gelbke, Herz. E. d. E. I, 103.

[117]) Sagittarius a. a. O. S. 435.

[118]) Tenzel a. a. O. S. 893. — Von Peter Schmieder, der 1643 vom Herzog wegen schlechten Betragens entlassen wurde, kam die Buchdruckerei an Joh. Michael Schall und von diesem mit Privilegium v. J. 1649 an die Reyhersche Familie; vgl. Rudolphi a. a. O. I, 299; Gelbke, Herz. E. d. E. I, 103 Anmerk.; Beck a. a. O. I, 672 Anmerk.

Staatsdruckerei bezeichnen. Daraus also, dass die Verordnungen Herzog Ernst's v. J. 1640 in Erfurt von dem dortigen Universitäts-Buchdrucker Friedr. Melchior Dedekind gedruckt wurden, folgt noch nicht, wie Chr. Ferd. Schulze will, dass im Jahre 1640 noch keine Buchdruckerei in Gotha war. Peter Schmieder übernahm eben erst durch genannten Vertrag (v. 31. Dezbr. 1640) den Druck aller staatlichen Verordnungen und Gesetze.[119])

Mit genanntem Schulmethodus in einem Bande zusammengebunden findet sich: 1. das deutsche Abc- und Syllabenbüchlein (1641); 2. das deutsche Lesebüchlein (1642); 3. der kurze Begriff der christlichen Lehre aus dem Katechismus Luthers gezogen (1642); 4. ein Vocabilarium Latino-Germanicum für die Lateinschulen(1642); 5. Puerilia Latine Legendi Rudimenta(1642); 6. Puerilia Graece Legendi Rudimenta (1643); 7. Prima Legendi Hebraice Rudimenta (1643).[120])

Über die verschiedenen Ausgaben der Schulordnung berichtet Gelbke folgendermassen:[121])

> „Diese Schulordnung, wovon ich vielleicht noch das einzige gedruckte Exemplar besitze, die aber noch in der Handschrift in den bey der Bibliothek des hiesigen Gymnasii aufbewahrten Acten, die Revision des Gymnasii betreffend, vorhanden ist, wurde nachher mehrmals verbessert und erweitert unter dem Titel: ‚Schul-Methodus oder Bericht wie, nächst göttlicher Verleihung, die Knaben und Mägdlein auf den

---

[119]) Schulze a. a. O. S. 122 Anmerk.

[120]) Bei 3 bis 7 findet sich ausdrücklich der Zusatz: „gedruckt bei Peter Schmieden".

[121]) Gelbke, Herz. E. d. E. I, 120 f Anmerk. (vgl. oben!); vgl. auch Gelbke, Kirch.- u. Schul.-Verf. I, 46 u. 52 f; Brückner a. a. O. III, 4, 1 ff; letzterer schreibt: „Wie die Kinder auf den Dörffern und in den Städten von ihrer zarten Jugend an am kürzesten und nützlichsten zu unterrichten, solches liess der Durchl. Hertzog Ernst der Fromme. zu allererst in dem im Jahr 1642 gedruckten Special- und sonderbaren Bericht bekannt machen. Nachdem aber unter der Hand und in Praxi sich befunden, dass verschiedenes vortheilhafter und bequemer eingerichtet werden könne, so hat man solche Vorschrift von Zeit zu Zeit geändert, gebessert und vermehrt, bis endlich ein uniformer Schul-Methodus für die Schulmeister der Dorfschaften und untersten Classen in Städten mit dem Modell der dazu gehörigen monatlich und jährlichen Schul-Tabellen zu Stande gebracht und der sowohl a part gedruckt als auch den Ernestinischen Verordnungen mit einverleibt worden."

Dorfschaften, und in den Städten die unterste Classe der Schuljugend, im Fürstenthum Gotha, kurz und nützlich unterrichtet werden können und sollen' aufgelegt, welches 1648, 1653, 1662 und 1672 geschah."

Zum genaueren Verständnis der folgenden Erörterung und Berichtigung mögen die zumeist über genannten Bericht Gelbkes ausgesprochenen Ansichten Müllers wörtlich angeführt werden Er schreibt:

„Das Jahr des ersten Drucks von Herzog Ernst's Schulordnung (J. 1642) und ihren ursprünglichen Titel hat schon der Gothaische Oberconsistorialrat Joh. Heinr. Gelbke in seiner Monographie: ‚Herzog Ernst der Erste genannt der Fromme zu Gotha als Mensch und Regent' (3 Bde. Gotha 1810 1. Bd., S. 275 und 120 f.) mitgeteilt. Auf ihn verweist auch Vormbaum (Evangel. Schulordn. 2. Bd., S. 295) hinsichtlich der verschiedenen Ausgaben der Schulordnung; er nimmt selbst die bei Gelbke I, S. 121 (Anmerk.) gemachten Angaben auf, wornach die Schulordnung unter dem Titel: ‚Schul-Methodus' etc. in den Jahren 1648, 1653, 1662, 1672 ‚verbessert und erweitert aufgelegt' worden sein soll; und wahrscheinlich in Anlehnung an Heinr. Heppe (a. a. O. II S. 517), der sonst selbst hinsichtlich der Bibliographie des Schul-Methodus auf Gelbke fusst, fügt Vormbaum als weiteres Jahr einer neuen Ausgabe das Jahr 1685 hinzu. Gelbkes kurzen Mittheilungen sind alle anderen gefolgt, die sich mit dem Schul-Methodus befasst haben, so noch jüngst R. Heino (‚Mag. Andreas Reyher, Verfasser des Gothaischen Schul-Methodus', im Progr. des Herzogl. Gymnas. zu Holzminden Ostern 1882, S. 21) und auch Männer, die wie Gelbke in Gotha an der Quelle sassen, nämlich Mor. Schulze (‚Die Entwickelungsepoche des deutschen Volksschulwesens unter Herzog Ernst dem Frommen'. Seperatabdruck aus den pädagogischen Blättern des Prof. Dr. Kern [Jahrg. 1855, Gotha 1855], Aug. Beck (‚Ernst der Fromme zu Gotha'.[Weimar 1865] 1. Bd. S. 510), der übrigens für die Ausgabe von 1685 eine von 1658 statuirt, und C. Kehr, der die verschiedenen Ausgaben des „Schul-Methodus in unveränderter Form" erschienen sein lässt. (‚Ernst der Fromme zu S.-Gotha als Förderer der Volksschule', in C. Kehr's Pädagog. Blättern für Lehrerbildung etc. 2. Bd. Gotha 1873, S. 148. — In dem oben citirten Artikel: Sächs. Herzogthümer in Schmid's Encykl. 7. Bd. [Gotha 1859] S. 489 hatte Kehr eine ‚veränderte Form' angenommen.) Ein flüchtiger Blick auf Gelbke's Notizen im 1. Bd. S. 120 f. und in seinem ‚Verzeichnis der Beweistümer' am Schlusse seines 1. und 2. Bandes (Vgl. I, S. 275, 8; S. 281, 13; S. 286, 6; II, S. 297) lehrt, dass Gelbke nur über die Schulordnung von 1642 Näheres, wenn auch nur sehr Dürftiges berichtet, und dass er Ausführungsverordnungen (‚Erinnerungs-Puncta') vom Jahre 1648 und eine auch Methodus betitelte ergänzende Verordnung v. J. 1654 (die Jahreszahl 1653 bei Gelbke I, 121 ist jedenfalls Druckfehler) mit der Schulordnung selbst verwechselt hat und Originaldrucke der letzteren von den übrigen genannten Jahren 1662 und 1672 nicht mit unter den genau betitelten Quellen aufführt, von ihrem Vorhandensein also wohl nicht durch Autopsie weiss. Wenn ferner Heppe eine Ausgabe v. J. 1685 als die von ihm benutzte namhaft macht, so hat ihm jedenfalls nur der Abdruck des Schul-Methodus vorgelegen, der sich in den ‚Fürstl. Ernestinischen erneuerten Ordnungen, das Kirchen und Schulwesen betreffende. Anderer Theil' (Hildburghausen 1685) S. 225—318 findet; diesen hat Heppe für eine neue Ausgabe gehalten, während er nichts ist, als ein jener grösseren Sammlung eingefügter Abdruck der Ausgabe v. J. 1672. Auch die ‚Fürstl. Sächs. Ernestinischen Verordnungen, das Kirchenund Schul-Wesen wie auch Christliche Disciplin betreffende' (Gotha 1720),[122]) die Gelbke und Vormbaum noch anführen, bieten auf S. 201 bis 290 ganz dasselbe, wie die eben genannten Ernestinischen Ordnungen vom Jahre 1685."

Damit nun nicht Müllers Worte gleich von Anfang an Veranlassung zu Missverständnissen geben, ist zu berichten, dass Gelbke nicht blos „das Jahr des ersten Drucks von Herzog Ernst's Schulordnung und ihren ursprünglichen Titel" mitgeteilt, sondern dass er auch einen kurzen Auszug aus dieser giebt.[123])

Ferner geht aus den Worten Gelbkes: „Diese Schulordnung wurde nachher mehrmals verbessert und erweitert unter dem Titel: „Schul-Methodus oder Bericht, wie . . . . . . aufgelegt, welches 1648 etc. geschah" noch nicht mit Bestimmtheit hervor,

---

[122]) Über den Ursprung dieser Verordnungen merke man: Herzog Ernst der Fromme liess die von ihm zur Erhaltung der Kirchen und Schulen und zur Beförderung der christlichen Zucht erlassenen Verordnungen nicht nur durch ein Ausschreiben v. J. 1647 von den Kanzeln nachdrücklich einschärfen, sondern auch kurz vor seinem Tode mittelst öffentlichen Patents und Ausschreiben vom 2. und 25. Januar 1675 nochmals erneuern und bekräftigen. Den grössten Teil dieser bisher nur einzeln vorhanden gewesenen Ernestinischen Verordnungen liess Herzog Friedrich II. in eine Sammlung bringen und unter dem Titel: „Fürstl. Sächs. Ernestinischen Verordnungen, das Kirchen- und Schulwesen wie auch christliche Disciplin betreffend" durch den Druck bekannt machen, und durch ein Ausschreiben vom 11. August 1698 seinen Unterthanen zur Beobachtung empfehlen. Im J. 1720 wurden diese Ernestin. Verordnungen wieder aufgelegt und einige andere ihnen beigefügt. Vgl. Gelbke, Kirch.- und Schul.-Verf. I, 4 (u. 8), wo auch eine Inhalts-Übersicht dieser Ernest. Verordnungen gegeben ist.

[123]) Gelbke, Herz. E. d. E. I, 119 f.

dass die Erweiterung des Titels der Schulordnung zugleich mit
deren Verbesserung, also vom Jahre 1648 an erfolgt sei. Es sei
dies mit Beziehung auf die zweite Auflage des Schulmethodus
gesagt, welche, wie wir später sehen werden, noch den Titel:
„Special- und sonderbahrer Bericht, wie etc." führt.
Wenn Müller behauptet, dass Gelbke nur sehr Dürftiges
über die Schulordnung von 1642 erwähnt, so ist zu erwidern,
dass diese dürftigen Nachrichten genügen, um die irrige Meinung
zu widerlegen, dass der allenthalben angeführte und behandelte
Text der Schulordnung v. J. 1672 derjenige von 1642 sei. Wie
wäre es möglich, dass Gelbke in seinem, wenn auch noch so
kurzen Auszuge so wesentliche Punkte, wie die Einführung der
Realien in die Volksschule durch Herzog Ernst, — ein Moment,
dass doch in der Ausgabe von 1672 besondere Betonung findet, —
hätte übergehen können, wenn ihm die Ausgabe von 1672, die
vermeintliche editio princeps, vorgelegen hätte und nicht die
wirkliche editio princeps, in der die Behandlung der Realien
noch nicht zur Sprache kommt. Dieser Grund allein konnte
ausreichend sein, um die Gewissheit zu erlangen, dass die von
Rudolphi[124]) und Vormbaum[125]) angeführte Schulordnung eine
spätere Auflage derselben sei, abgesehen von anderen noch zu
besprechenden Gründen.

Müller schreibt:
> „Die Schuld an dieser Verwirrung und Unklarheit trägt zu einem
> Teile Vormbaum. Dieser hat seinen Text des Schul-Methodus aus
> Friedr. Rudolphi, Gotha Diplomatica, Fürstl. Sächs.-Gothaische Historien-
> beschreibung, 4. Teil (Frankfurt a. M. und Leipzig 1718) S. 114—143
> entlehnt, doch so, dass er die bei Rudolphi, S. 114 fehlende Jahreszahl
> ohne weiteres ergänzt hat durch den oben vermeldeten Zusatz 1642 bis
> 1685. Vormbaum hat übersehen, dass bei Rudolphi an anderer Stelle
> (auf der 2. Seite der drei das Register zum 4. Teile enthaltenden, un-
> numerirten und zwischen S. 249 u. 250 eingeschobenen Seiten) die Jahres-
> zahl zu dem S. 114 ff abgedruckten Methodus steht und zwar richtig:
> ‚Anno 1672'.

Nunmehr aber sagt Vormbaum in seiner Anmerkung zum
Schulmethodus unter anderem wörtlich folgendes:[125])

---

[124]) Rudolphi a. a. O. IV, 114 ff.
[125]) Vormbaum a. a. O. II, 295 ff.

„Die Commissionsberichte hatten auf die Schulgesetzgebung den wichtigsten Einfluss. Mit Benutzung derselben arbeitete der Rector Reyher verschiedene Vorschriften aus, welche im Jahre 1642 zu einer ausführlichen Schulordnung zusammengefasst wurden, und später unter dem Namen Schul-Methodus eine weit über das Herzogthum hinausgehende Bedeutung, namentlich für das Volksschulwesen erlangt haben. Der erste Druck erschien i. J. 1642 unter folgendem Titel: ‚Special- vnd sonderbahrer Bericht, wie ..... können. Auf gnädigen Befehl aufgesetzt .... Schmieder.‘ Erst die späteren, verbesserten und erweiterten Ausgaben, welche in den Jahren 1648, 1653, 1662, 1672 und 1685 erschienen, führen den Tisel: ‚Schulmethodus‘ etc."

Aus diesen (auf Gelbke sich stützenden) Berichten Vormbaums geht mit Gewissheit hervor, dass dieser den von ihm veröffentlichten Methodus nicht für die editio princeps desselben gehalten haben kann. Wenn nun Vormbaum der von ihm unter dem Titel „Methodus oder Bericht, wie etc." angeführten Schulordnung die Jahreszahlen 1642 bis 1685 beigefügt hat, obwohl nach seinen Aussagen die Jahreszahl 1642 nur der ersten „Special- und sonderbahrer Bericht, wie etc." betitelten Ausgabe zukommt, so hat er damit allerdings eine ungenaue, um nicht zu sagen falsche Angabe gemacht; immerhin aber kann die letztere an der bewussten Verwirrung nicht Schuld tragen, eben infolge der auf Wahrheit beruhenden, dem Methodus von Vormbaum vorausgeschickten Bemerkungen. Die wahre Schuld an dieser bisherigen Unklarheit dürfte vielmehr an einer mangelnden Durchsicht der diesbezüglichen Notizen Vormbaums beziehungsweise Gelbkes von seiten der pädagogischen Schriftsteller liegen, oder sie beruht auf anderen hier nicht zu erörternden Gründen.

Die Jahreszahl, welche der von Vormbaum edierten Schulordnung fehlt, findet sich übrigens nicht blos auf der von Müller angegebenen Stelle, sondern ist schon in der Inhaltsangabe von Rudolphis Gotha Diplomatica, welche dem ganzen Werk vorangeht, verzeichnet, und zwar in der Inhaltsangabe zum 4. Teile desselben, in No. 14. Ausserdem steht in dem „Register der vornehmsten Denkwürdigkeiten" (S. 2 bis 50 umfassend und dem Ganzen vorhergehend) ausdrücklich auf S. 40 nur: „Schulmethodus erneuert", und zwar mit Bezug auf Teil IV S. 114, so dass also schon die zuletzt genannte Angabe das Vorhandensein einer editio princeps der bewussten Schulordnung in Rudolphis „Gotha Diplomatica" ausschliesst.

Ausführungsverordnungen („Erinnerungs-Puncta") v. Jahre 1648 und eine auch „Methodus" betitelte ergänzende Verordnung vom Jahre 1654 hat Gelbke, wie Müller behauptet, mit der Schulordnung selbst verwechselt. Der Titel dieser Ausführungsverordnungen lautet: „Erinnerungs-Puncta, welche nach Anweisung des Schul-Methodi bey den Schulen, sowohl auf den Dorfschaften als auch respective in denen Teutschen Classibus bey den Städten nicht allein aber denen Schul-Bedienten, sondern auch denen, welchen die Inspection zukömmt, hinführo in fleissige Obacht zu nehmen sey. 1648.[126]) Der Titel der betreffenden zweiten Verordnung lautet: „Methodus, wornach die Praeceptores in Beybringung des kurzen Berichts von den V Lehrpunkten nach Erforschung durch nachgesetzte Fragen, sich zu richten, Nebst Fragen zu dem kurzen Bericht gehörig. Im Fürstentum Gotha. (Gedruckt) 1654."[127])

Gesetzt den Fall, Gelbke hätte die verschiedenen Ausgaben der Schulordnung nicht zu Gesicht bekommen, er hätte nur mittelbar den späteren Titel derselben: „Methodus oder Bericht, wie etc." erfahren, wie könnte man dann Gelbke, der infolge seiner eingehenden Quellenstudien als Authenticität gilt und gelten muss, zumuten, dass er, nur weil in den genannten Verordnungen von 1648 und 1654 jedesmal der Name „Methodus" vorkommt, in Absehung von dem Inhalte derselben angenommen habe, diese seien trotz ihrer verschieden lautenden Titel mit dem bewussten Schulmethodus identisch oder neuere Ausgaben desselben!

Zudem ist diese Annahme Müllers erkünstelt und willkürlich. Es war Müller gelungen, einen Grund zu finden, warum Gelbke die zweite Ausgabe der Schulordnung in das Jahr 1648 verlegt habe; es wollte der Zufall, dass gerade in diesem Jahre eine mit „Methodus" betitelte Verordnung Herzog Ernst's erschienen war. Für das Jahr der dritten Ausgabe,

---

[126]) Gelbke, Herz. E. d. E. I, 281.
[127]) Gelbke, Herz. E. d. E. I, 286.

1653, fand sich eine dem Titel nach so beschaffene Verordnung nicht vor, wohl aber war eine derartige im Jahre 1654 vorhanden; daher Müller das Jahr 1653 als Druckfehler bezeichnet und behauptet, dass nach Gelbkes Meinung die dritte Auflage im Jahre 1654 erschienen sei. Für die Ausgaben von 1662 und 1672 war dieses überall nur Verwechselungen suchende Verfahren nicht zulässig, weshalb Müller zu der Annahme kommt, dass Gelbke von dem Vorhandensein der letzten Ausgaben nicht durch Autopsie, also nur durch Hörensagen, wusste.[128]) Es haben diese genannten Ansichten Müllers einen vielzu subjectiven Charakter, als dass sie die Form eines objectiven Gedankens gewinnen könnten.

Offenbar hat Gelbke nur die erste Ausgabe des Schulmethodus, die ihm als grundlegend für die übrigen erschienen war, unter seine „Beweistümer" aufnehmen wollen und zwar mit genauem Titel, weswegen er sich dessen Angabe auf Seite 121 (T. I) ersparen konnte. Die übrigen Ausgaben des Schulmethodus hatte er bereits auf genannter Seite 121 (T. I) unter dem bewussten Titel: „Methodus oder Bericht, wie etc." bekannt gemacht, hielt es also für überflüssig und unnötig, dieselben nochmals in den Beweistümern zu erwähnen.

Die vorhandenen Ausgaben des Schulmethodus fallen nach Müller in die Jahre 1642, vor 1656, 1658, 1662 und 1672. Müller lässt in betreff der Ausgabe vor 1656, die nach seiner Meinung noch aus den Tagen des 30 jährigen Krieges herrührt, die Frage offen: „Sollte es etwa der Entwurf zu der neuen Ausgabe vom Jahre 1648 sein, deren Erscheinensein Gelbke ohne jeden Beleg behauptet? Man vergleiche damit die Nachrichten bei Gelbke; er setzt, wie wir gesehen, die verschiedenen Auflagen des Schulmethodus in die Jahre 1642, 1648, 1653, 1662 und 1672. Ein unbefangenes Auge erkennt auf den ersten Blick, dass die von Gelbke gemachten Angaben von denen Müllers

---

[128]) Dass Gelbke auch den Schulmethodus v. J. 1672, wie er sich in Rudolphi's Gotha Dipl. T. IV S. 114 ff findet, wird zu Gesicht bekommen haben, daran ist kaum zu zweifeln, da er wiederholentlich aus den einzelnen Teilen, auch des 4. Teiles des Werkes (vgl. seine Beweistümer am Ende des 1. Bandes!) Citate giebt.

bis auf die Zahl 1653 beziehungsweise 1658 abweichen. Die natürlichste Annahme ist wohl, dass Gelbke nicht nur das Erschienensein der ersten Auflage, sondern auch das der übrigen Auflagen des Schulmethodus durch Autopsie weiss; dies erkennen wir aus seinen diesbezüglichen Bemerkungen, die von einem Gewährsmanne kommen, an dessen Treue, wie bemerkt, nicht zu zweifeln ist, und die eine Zweideutigkeit oder ein unsicheres Wissen hinsichtlich der Zeit des Erschienenseins der einzelnen Ausgaben nicht verraten, dies beweist ferner seine Übereinstimmung (und zwar, wie wir bald sehen werden, völlige Übereinstimmung) mit den gewonnenen Resultaten Müllers. So richtig Gelbke Ausgaben des Schulmethodus von den Jahren 1642, 1662 und 1672 bezeichnet, ebenso, können wir induktiv schliessen, hat er auch die von Müller noch vorgefundenen (Ausgaben) nach den Jahren ihrer Veröffentlichung richtig angegeben. Wir sind mithin berechtigt das Jahr 1648, welches Müller nicht zu ermitteln imstande ist, als das Jahr der zweiten Auflage des Methodus zu bezeichnen. Es bleibt nur noch das Jahr 1653 übrig. Dass eine Verwechselung der Jahreszahlen 1653 und 1654 bei Gelbke jedenfalls nicht stattgefunden, sondern Müller eine solche postuliert hat, ist bereits erwähnt worden. Bemerkt doch auch Gelbke an anderer Stelle:[129] „Zu Beybringung des kurzen Berichts von den fünf Lehrpunkten wurde 1654 und 1655 ein besonderer Methodus,[130]) nebst Fragen[131]) zu den übrigen durch den Druck bekannt gemacht," mit welchen Worten Gelbke ohne Zweifel sagen wollte, dass zur Beibringung des kurzen Berichts eine besondere Anleitung, nicht aber ein besonderer Schulmethodus, eine neue Ausgabe des Schulmethodus, abgefasst wurde. Überhaupt vermeidet Gelbke überall, wo er von der bewussten Schulordnung schreibt, das blosse Wort „Methodus", sondern setzt — offenbar zur Ver-

---

[129]) Gelbke, Kirch.- u. Schul.-Verf. I, 48 (u. 53).
[130]) „Methodus, wornach die Praeceptores etc. 1654, nebst Ausschreiben vom 22. Februar 1654" (vgl. oben!).
[131]) „Fragen, etlicher mehr Puncten zum Kurzen Begriff gehörig, nebst Ausschreiben v. 6. März 1655".

meidung einer Verwechselung — das Wort „Schulmethodus".
Es unterliegt schliesslich keinem Zweifel, dass Gelbke die Zahl
1658, welche Müller als Jahreszahl der dritten Auflage der
Schulordnung angiebt, entweder undeutlich geschrieben vorfand,
so dass er sie als 1653 ansah, oder auch dass die Verwechselung
der Zahlen 8 und 3 auf ein nachträgliches Schreibversehen
Gelbkes oder auf einen Druckfehler zurückzuführen ist. Damit
dürfte die bewusste Streitfrage eine befriedigende und natürliche
Lösung gefunden haben, welche auch weiterhin noch Bestätigung
finden wird.

Wenn endlich Müller seine Verwunderung darüber aus-
spricht, dass Männer, die in Gotha an der Quelle sassen, wie
z. B. Beck, den Mitteilungen Gelbkes gefolgt sind, so ist zu erwidern: Beck hat diese Quelle benutzt, freilich nur insoweit als
es dem Zwecke seines Werkes entsprechend erschien. Er hat
die editio princeps der Schulordnung vor Augen gehabt, denn
er hat ähnlich wie Gelbke einen kurzen Auszug daraus gemacht,
ja er hat die 16 Kapitel der ersten Ausgabe nach ihren Über-
schriften angegeben. Er sagt: „In etwas veränderter Form erschien er 1648, 1653, 1658, 1662 und 1672 und öfter unter
dem Titel: „Methodus oder Bericht, wie nächst göttlicher Ver-
leihung die Knaben und Mägdlein u. s. w. unterrichtet werden
können und sollen". Aus diesen Bemerkungen Becks lässt sich
allerdings einerseits seine Übereinstimmung mit Gelbke erkennen,
andererseits aber auch zeugen sie von seiner Autopsie. Zunächst
giebt Beck, wie gesagt, richtig die 16 Kapitel der editio princeps der Schulordnung an, und wie kam er zur Angabe des
Jahres 1658? Müller behauptet, er habe für die Zahl 1685 (bei
Heppe und Vormbaum vgl. oben!) die Zahl 1658 statuiert. Das
wäre ein höchst willkürliches Verfahren von seiten Becks gewesen. Vielmehr hat Beck ebenso wie Müller von der dritten
Auflage der Schulordnung und ihrer Jahreszahl durch Autopsie
Kenntnis genommen; wie käme er sonst dazu, diese nirgends
gekannte selbst bei Gelbke nicht verzeichnete und dabei (nach
Müller) doch vorhandene Auflage von 1658 anzuführen? Und
warum erwähnt Beck die Jahreszahl 1653, die doch keiner
Ausgabe des Methodus zukommt? Die einfachste Erklärung

ist, dass er sie zwar nicht in den Schulakten des Gymnasiums, wohl aber bei Gelbke vorfand und daher annahm, dass sie bereits vergriffen sei, dass jedoch Gelbke sie noch zu Gesicht bekommen habe. Da es nun eine willkürliche und seltsame Annahme wäre, dass die Auflage von 1658 erst nach Gelbkes Untersuchungen in die Akten gekommen, und dass die Auflage von 1653 aus den Akten verschwunden sei, ehe Müller in dieselben Einsicht genommen, so ist diese Streitfrage nur auf Grund unserer früheren Auseinandersetzungen über Gelbkes Mitteilungen zu lösen. Es hat nämlich Beck nicht daran gedacht, dass die von ihm vorgefundene Auflage von 1658 jedenfalls die von Gelbke als Auflage von 1653 bezeichnete ist und in Gelbkes diesbezüglichen Bemerkungen eine aus irgend welchen Gründen herbeigeführte Verwechselung der Zahlen 1658 und 1653 oder besser gesagt der einander ähnlichen Zahlen 8 und 3 constatiert werden muss.

Auf Grund der vorangegangenen Auseinandersetzung haben wir folgende Jahreszahlen der Ausgaben des Schulmethodus anzunehmen: 1642, 1648, 1658, 1662 und 1672.

1642 erste Ausgabe unter dem Titel: „Specialvnd sonderbahrer Bericht | Wie etc." (vgl. oben!); sie umfasst 16 Kapitel, und zwar:

>1. Das Amt der Präceptoren und Schulmeister; 2. das Amt der Schüler und Schulmägdlein; 3. die Schulstunden; 4. die Ordnungen und Klassen; 5. die Bücher insgemein; 6. die Verfassung des Abc-, Syllaben- und Lesebüchleins; 7. den Gebrauch Abc-, Syllaben- und Lesebüchleins und darauf folgenden Katechismus; 8. das Schreiben; 9. das Singen; 10. das Rechnen; 11. die Verfassung des Katechismus; 12. wie die Schulmeister den Katechismus, Psalter und Sprüche an den Glaubensartikeln, und dannenhor die Gottesfurcht lehren sollen; 13. das Amt der Eltern gegen die Kinder in fleissiger Anhaltung derselben zur Schule; 14. die Aufsicht der Pfarrer über die Schulen; 15. die Obacht der weltlichen Beamten über diese Schulordnung; 16. die Aufsicht der Superintendenten, Adjuncten und Inspectoren.

Der Special-Bericht ist, wie Müller ausführt, die erste Elementarschulordnung, in der „die wesentlichste Bedingung eines geordneten Schulwesens, die Schulpflichtigkeit aller Kinder ohne Einschränkung Winter und Sommer hindurch mit gesetzlicher Schärfe ausgesprochen ist", in der ausführliche Bestimmungen über die Organisation des deutschen Elementarschulwesens gegeben werden, namentlich hinsichtlich des Klassensystems (mindestens 2 Klassen nach § 82), der Klassenziele, Examina, der Versetzung, Entlassung, Schulverwaltung und -Inspection, der darin ausgesprochenen Rechte und Pflichten der Eltern und Lehrer. Die Erziehung in der Schule wird in engen Zusammenhang mit der elterlichen gebracht, der Lehrer von lästigen Gemeindediensten (z. B. vom Gemeindeschreiben während der Schulstunden, vgl. § 12) möglichst befreit. Der Special-Bericht ist die erste für ein ganzes Land und nicht blos für eine Stadt erlassene Schulordnung, die sich ausschliesslich mit dem Elementarschulwesen in Stadt und Dorf beschäftigt und nicht zugleich, wie frühere Schulordnungen, mit dem höheren Schulwesen, kurz er ist die erste staatliche eigentliche Volksschulordnung.

1648 zweite Auflage des Schulmethodus, betitelt: „Special- und sonderbahrer Bericht, Wie nach Göttlicher Verleyhung etc." (wie der Titel der 1. Auflage). Das Concept ist von Reyher oder einer der seinen sehr ähnlichen Hand geschrieben und hat mehrfache Korrekturen auch von einer anderen Hand. Wie schon erwähnt, stammt dieses nach Müller jedenfalls noch aus der Zeit vor 1656 und wahrscheinlich noch aus den Tagen des 30jährigen Krieges oder, wie Müller einige Seiten nachher (S. 104) bemerkt, aus der Zeit um 1650 und ist ein nicht ganz vollendeter Entwurf zu einer neuen Ausgabe des Special- und sonderbahren Berichts. Es umfasst 14 Kapitel, das 15. Kapitel (sagt Müller), das sich nach der in § 2 gegebenen Übersicht noch anreihen sollte, fehlt. Trotzdem aber hat letzteres eine Überschrift und zwar sollte es, wie Müller weiter behauptet, „von der Aufsicht der Superintendenten, Adjuncten und Inspectoren" handeln, und es wäre jedenfalls eine Nachbildung des 16. Kapitels der editio princeps geworden. Dieser Behauptung Müllers ist zu erwidern, dass das erwähnte Concept zu der neuen Ausgabe nicht als unvollendeter Entwurf bezeichnet werden kann. Denn offenbar wird das 15. Kapitel deswegen nicht mehr ausgeführt worden sein, weil es, wie die Überschrift („von der Aufsicht der Superintendenten etc.") zeigt, seinem Inhalte nach verbotenus mit dem Kapitel 16 der editio princeps übereinstimmen sollte, mit anderen Worten, weil der in Kapitel 16 der editio princeps für zweckentsprechend befundene Inhalt im Kapitel 15 der editio secunda wiederholt werden sollte, daher eine nochmalige Abschrift desselben im Concept der editio secunda überflüssig war. „Dass es jedenfalls eine Nachbildung des 16. Kapitels der editio princeps geworden wäre", ist eine willkürliche Annahme.

Wie Gelbke die Zeit der übrigen Auflagen des Methodus ohne Beleg, aber jedenfalls gestützt auf authentische Berichte, richtig angegeben hat, so wird es ihm auch bei dieser zweiten Auflage nicht an Quellen und Nachrichten gefehlt haben, die deren Erschienensein im Jahre 1648 hinlänglich bezeugten.

Zudem ist nicht abzusehen, warum dieser „Entwurf" nicht zur Veröffentlichung durch den Druck gelangt sein soll, wenn, wie Müller sagt, in ihm „im Grossen und Ganzen das Streben nach Verbesserung unverkennbar und das Geänderte als zweckentsprechend zu bezeichnen ist".

Das 6. und 11. Kapitel der editio princeps sind in dieser zweiten Auflage ganz weggefallen und die umfangreichen Kapitel 9 und 10 zu einem kurzen Kapitel vereinigt. Die Abschnitte vom Lesen und vom Examen im 7. und 1. Kapitel der editio princeps sind zu selbständigen Kapiteln erhoben. Dagegen sind wertvolle Partieen mit Anweisung über die Stoffauswahl und Disposition weggefallen und sonstige methodologische Winke wiederholt beschränkt worden.

Diese Ausgabe handelt:

1. Über die Klassen und Ordnungen; 2. über die Schulstunden; 3. über die Bücher; 4. wie die Präceptoren den Katechismus und die Gottesfurcht lehren sollen; 5. wie das Abc und Syllabiren beizubringen; 6. vom Lesen; 7. vom Schreiben; 8. vom Singen und Rechnen; 9. vom Amt der Präceptoren; 10. von den Schülern; 11. von den Examina; 12. von den Eltern; 13. von der Aufsicht der Pfarrer über die Schulen; 14. von dem Amt der weltlichen Beamten über diese Schulordnung; 15. von der Aufsicht der Superintendenten, Adjuncten und Inspectoren.

1658 dritte Auflage des Schulmethodus. Ein Concept von Reyher ist noch vorhanden, welches betitelt ist: „Methodus oder Bericht, Wie nechst Göttlicher Verleyhung . . . . . Auf gnädigen Fürstl. Befehl aufgesetzet und anderweit vermehrt." Reyher hat darin gegen 300 Abänderungen getroffen, von denen es jedoch zweifelhaft ist, ob sie in der neuen Ausgabe Verwertung gefunden haben, weshalb Müller von der Wiedergabe des Conceptes absieht. Reyher hat wahrscheinlich die Ausgabe allein besorgt (Glassius, † 27 Juli 1656, vgl. oben!), von der jetzt kein gedrucktes Exemplar mehr vorhanden ist. Dass es jedoch im Drucke erschienen, ist hinlänglich bezeugt (so durch eine „Nota" zu einer im Jahre 1698 erschienenen Ausgabe der „Erinnerungs-Puncta" u. a.).

1662 vierte Auflage des Schulmethodus, betitelt: „Methodus || Oder || Bericht | || Wie nechst Göttlicher Ver- || leyhung | die Knaben und Mägdlein || auff den Dorffschafften | und in den Städ- || ten | die untere Classes der Schul-Jugend im || Fürstenthumb Gotha | || Kurtz- und nützlich unterrichtet wer- || den können und sollen. || Auff Gnädigen Fürstlichen Befehl || auffgesetzet. || GOTHA | || Gedruckt durch Johann Michael Schalln. || Im Jahr 1662".

Während, wie Müller bemerkt, in den zwei früheren Ordnungen die Unterrichtsstoffe und ihre specielle Methodik vorwiegen, wenn gleich so, dass schon in der Bearbeitung um 1650 (Ausgabe von 1648 vgl. oben!) eine Beschränkung der methodologischen Anweisungen eingetreten war, — denn man war durch die Not der Schulverhältnisse, durch die Unkenntnis und das Ungeschick der Lehrer gezwungen, bis ins einzelste eingehende didaktische Vorschriften zu geben, — so ist im Methodus von 1662 der Schwerpunkt auf die Organisation des Unterrichts, die Stufenunterschiede, auf die Massregeln erziehlicher Art und auf die Schulverwaltung und -Inspektion gelegt. Daher sind die vom Lesen, Schreiben etc. handelnden Kapitel der ersten beiden Ausgaben ersetzt durch Kapitel über die Verteilung und methodische Behandlung des Lehrstoffes für die einzelnen Klassen. Zudem ist jetzt eine Erweiterung des Unterrichtsstoffes eingetreten durch Aufnahme des Unterrichts von natürlichen Dingen und anderen nützlichen Wissenschaften. Andererseits zeichnet sich die Ausgabe von 1662 vor den früheren durch Gründlichkeit, Urteilsreife und praktisches Geschick aus. Immerhin ist sie vom Sinn und Geiste der zwei ersten Ordnungen nicht abgewichen und hat mit ihnen viele formell ähnliche, beinahe gleichlautende Stellen gemein, wie auch die specielle Methodik im wesentlichen dieselbe geblieben ist. Die speciellen Vorschriften über die Sitten der Jugend sind fast im wörtlichen Anschluss an die „Kurze Anleitung" vom Jahre 1654 gegeben. Es hat sich von dieser Ausgabe nur ein Exemplar erhalten, welches in der Herzoglichen Bibliothek zu Gotha aufbewahrt liegt. Die Ausgabe hat 13 Kapitel, welche handeln:

1. Von dem, was insgemein bei der Schule in acht zu nehmen; 2. von der untersten Klasse; 3. von der mittleren Klasse; 4. von der obersten Klasse; 5. von der Einteilung der Lectionen in die Schulstunden; 6. von der Schuldigkeit und der Gebühr der Kinder; 7. vom Amt der Schuldiener; 8. vom Amt der Eltern; 9. von dem Amt und der Aufsicht der Pfarrer; 10. von der Obacht weltlicher Beamten und Gerichtsherren; 11. von dem Amt und der Oberaufsicht der Superintendenten oder Adjuncten; 12. von der Verrichtung der geistlichen Untergerichte 13. von den Schulexamina.

1672 fünfte Ausgabe des Schulmethodus, betitelt: „Methodus || Oder || Bericht | || Wie nechst Göttlicher Verley- || hung die Knaben und Mägdlein || auff den Dorffschafften | und in den Städ- || ten | die untere Classes der Schul-Jugend im || Fürstenthumb Gotha | || Kurtz- und nützlich unterrichtet werden || können und sollen. |! Auff gnädigsten Fürstlichen Befehl || aufgesetzet. || GOTHA | || Gedruckt durch Johann Michael Schalln. || Im Jahre 1672". (Mit einem Schema zu einer Schultabelle.)

Der wichtigste Unterschied der Ausgabe vom Jahre 1672 von der des Jahres 1662 ist, wie bereits Müller dargelegt hat, zunächst die Einfügung der Kapitel VI („Von der Art und Weise, den Verstand des Katechismus zu treiben"), VIII, das eine speciellere methodische Anleitung für den Unterricht in den Realien und der Messkunst giebt und IX, worin noch mehr (als in der Ausgabe von 1662) der Ton auf die Übung christlicher Zucht gelegt wird. Die Kapitel IX bis XII der Ausgabe von 1662 über Schulverwaltung und -Inspektion sind weggelassen. Ausser den in den vorhergehenden Ordnungen eingeführten Schulschriften wird in der Ausgabe von 1672 noch die Einführung der sogenannten „Sterbekunst" für die oberen Klassen verlangt. Ebenso präcisiert der letztgenannte Methodus die Klassenziele genauer. Im übrigen herrscht wesentliche und oft auch wörtliche Übereinstimmung zwischen dem Methodus von

1672 und dem von 1662 und noch viel Verwandtschaft mit dem Methodus von 1642.

Die einzelnen Kapitel dieser Ausgabe handeln:

1. Von dem, was insgemein bei der Schule in acht zu nehmen; 2. von der Unterweisung der untersten Klasse; 3. von der Unterweisung der mittleren Klasse; 4. von der Unterweisung der oberen Klasse; 5. von der Einteilung der Lectionen in die Schulstunden; 6. von der Art und Weise den Verstand des Catechismus zu treiben; 7. von der An- und Unterweisung, wie die Predigten gemerkt und examinirt werden sollen; 8. von den natürlichen und anderen nützlichen Wissenschaften, und wie selbige zu treiben; 9. von der Pflanzung und Erhaltung der christlichen Zucht und Gottseligkeit; 10. von der Schuldigkeit und Gebühr der Kinder; 11. Von der Amtsgebühr und Schuldigkeit der Präceptoren und Schuldiener; 12. von dem Amt der Eltern, und die an Eltern statt sind; 13. von dem jährlichen Schulexamen.

Die beiden letzten von Müller angegebenen bisher noch nirgends erwähnten und beschriebenen Drucke des Schulmethodus stammen aus den Jahren 1697 und 1733; sie sind bei Christoph Reyher gedruckt. Ihr Titel und Text stimmen (natürlich bis auf die Zeit-etc.-Angabe) mit denen der Ausgabe vom Jahre 1672 überein. Nur die Auflage vom Jahre 1697 unterscheidet sich von der des Jahres 1672 durch einzelne formelle Abänderungen. Zudem enthalten beide Ausgaben am Ende eine monatliche Schultabelle. Da diese Ausgaben des Schulmethodus nicht mehr in die Regierungszeit Herzog Ernst's fielen, hatte Gelbke, dessen Aufgabe es war, über „Herzog Ernst" zu berichten, dieselben nicht anzuführen.

Die zum Schulmethodus verfassten „Erinnerungs-Puncta" (vgl. oben!) erschienen in den Jahren 1648[132]) und 1660.[133])

Wenn Vormbaum die von ihm angeführten „Erinnerungs-Puncta" (gemäss den Fürstl. Ernestin. erneuerten Ordnungen, das Kirchen- und Schulwesen betr. T. I Hildburghausen 1685. S. 319 ff) ins Jahr 1664 verlegt,[134]) so ist dies eine unrichtige Angabe. Die Erinnerungs-Puncta beginnen mit den Worten: „Wiewol in dem ausgelassenen Schul-Methodo genugsame Ver-

---

[132]) Gelbke, Herz. E. d. E. I, 30 u. 151 u. 281.
[133]) Gelbke, Kirch.- u. Schul.-Verf. I, 46 u. 53; Beck a. a. O. I, 510.
[134]) Vormbaum a. a. O, II, 352—358.

sehung geschehen, welcher massen die liebe Jugend in denen ihnen nöthigen und nützlichen Dingen fruchtbarlich anzuführen; So hat sich doch bey gehaltener General-Visitation der Kirchen und Schulen befunden, wie solcher Verordnung nicht alle, denen es Amtshalben gebühret, treulich nachgelebet etc." Dass der hier genannte Schulmethodus nicht der im Jahre 1662 erschienene sein kann, — denn nur dieser könnte es sein, falls wir die „Erinnerungs-Puncta" ins Jahr 1664 verlegen, — ersieht man zunächst daraus, dass der darin bezeichnete Inhalt einzelner Kapitel durchaus nicht mit dem der entsprechenden Kapitel des Schul-Methodus von 1662 übereinstimmt. Es handelt in ihm z. B. cap. VIII vom Schreiben, in der Ausgabe von 1662 handelt cap. VIII vom Amt der Eltern, dort cap. X vom Rechnen, hier cap. X von der Obacht weltlicher Beamten und Gerichtherrn, dort werden 16, hier nur 13 Kapitel angeführt. Zudem kommt, dass in jenem der Stoff trotz der Teilung in Kapitel noch in fortlaufend numerierten Paragraphen behandelt wird, was sich wohl in den ersten drei Ausgaben des Schulmethodus vorfindet, in der vierten Ausgabe von 1662 hingegen nicht mehr zur Anwendung gelangt ist, indem hier jedes Kapitel seine besonderen von 1 beginnenden Paragraphen hat. Desgleichen können sich die bewussten „Erinnerungs-Puncta" nicht auf den Schulmethodus von 1642 beziehen, da die hier verzeichneten Paragraphen des in Rede stehenden Schulmethodus durchaus nicht inhaltlich mit denen der ersten Ausgabe übereinstimmen; ebenso wenig aber kann die zweite Ausgabe gemeint sein, die, wie erwähnt, nur 15 Kapitel enthielt; mithin können die „Erinnerungs-Puncta", welche Vormbaum angiebt, nur mit Beziehung auf die dritte Auflage des Schulmethodus abgefasst sein, und zwar im Jahre 1660.

Wenn es sodann am Schluss der bewussten „Erinnerungs-Puncta" heisst: „Schliesslichen wird erinnert, weil die halbjährlichen Visitationsberichte von den Superintendenten und Adjuncten gar ungleich, und von etlichen nur in genere, und nicht auf die vorgeschriebene Instructions-Puncta geschehen sind, so sollen dieselben ins künfftige also eingerichtet werden, dass etc.",[135]) so

---

[135]) Vormbaum a. a. O. II, 357.

können nach der vorigen Auseinandersetzung die hier genannten
„Instructions-Puncta" natürlich nicht die von Vormbaum bezeichneten: „Instructions - Puncta, nach welchen die angeordneten
Special-Visitationes ...... gebührlich verrichtet werden sollen"
vom Jahre 1664[136]) gemeint sein, sondern den Inhalt angeführter
Stelle entsprechend offenbar zunächst die „Extrahirte Puncta aus
dem Schul-Methodo pro instructione der Superintendenten und
Adjuncten, worauf sie bey ihrer halbjährigen Visitation der
Schulen auf den Dörfern und in den Städten wegen der untersten
Klassen besonders zu sehen und darnach ihre anbefohlene Berichte an das F. Consistorium einzurichten und abzufassen haben
werden, vom 18. und 26. Februar 1657," an letzter Stelle aber
die „Erläuterte Insructions-Punkte, welche hinfüro bey Special-Visitationen zu beachten, den 20. Mai 1657."[137])

Meiner weiteren Ausführung lege ich, abgesehen von anderen
hierher gehörenden Bestimmungen, die im folgenden noch Erwähnung finden werden, den Schulmethodus von 1672 zu Grunde.
Denn es handelt sich mir nicht darum, den Zeitpunkt der Entstehung der verschiedenen pädagogischen Bestimmungen, deren
Abänderung oder Vervollkommnung nach Inhalt und Form oder
auch deren schliessliche Wiederweglassung in den einzelnen Ausgaben des Schulmethodus nachzuweisen, sondern als meine fernere
Aufgabe betrachte ich es, nunmehr ein Gesamtbild der Verdienste Herzog Ernst's speciell um die Volksschule seines Landes
zu entwerfen, was ich ausgehend von dem Grundsatze: „Finis
coronat opus" am vollkommsten in Anlehnung an die letzte Ausgabe des Schulmethodus unter Herzog Ernst thue, in welcher
dieser Methodus gleichsam zur höchsten Vollkommenheit gelangt
ist, nachdem er die verschiedensten Entwicklungsstufen durchgemacht hat; in ihr ist vieles erst zur Entfaltung gekommen,
was in den vorigen Ausgaben keimartig enthalten gewesen,
während manche ihrer Bestimmungen, wie schon gezeigt, ganz
neu sind. Dabei soll die folgende Darlegung kein blosser Aus-

---

[136]) Vormbaum a. a. O, II, 358.
[137]) Gelbke, Kirch.- und Schul.-Verf. I, 163 u. 170; Gelbke, Herz.
E. d. E. I, 293.

zug aus den Paragraphen der hierher gehörenden Verordnungen bilden, sondern ich werde versuchen, einerseits meine Ausführungspunkte in ein gewisses System zu bringen, andererseits aber Herzog Ernst's pädagogische Bestrebungen, um ihre Bedeutung für die deutsche Volksschule desto mehr hervortreten zu lassen, in kurze Relation zu denen der Vorzeit und seiner Zeitgenossen, mitunter auch neuerer Pädagogen zu setzen.

I. **Die Schuleinrichtung.**[138]) Des Herzogs Fürsorge erstreckte sich zunächst um die Einführung der allgemeinen Schulpflicht, eine Verordnung, die um so wichtiger erschien, als gerade in einer Zeit allseitiger Verwilderung und Roheit, wie sie der schreckliche Krieg mit sich geführt hatte, niemand daran dachte und es für nötig hielt, die Kinder zur Schule zu schicken. Herzog Ernst war einer der ersten in Deutschland, welcher die allgemeine Schulpflicht zum strengen Gesetze erhob, die vor dem 30jährigen Kriege noch unbekannt war.[139]) Zwar heisst es in der Württembergischen Kirchenordnung vom Jahre 1559: „Und demnach in etlichen teütschen Schulen nit allein die Knaben, sonder auch Döchterlein zur Schul geschickt, Wollen wir das etc."; auch soll der Schulmeister „die Ordnung vnder den Kindern halten, damit sie samentlich zu der Zeit, wann der Catechismus in der Kirchen geleert, vor dem zusammenleüten, alle in der Schul erscheinen;[140]) wir haben eine ähnliche Verordnung in der Kursächsischen Kirchenordnung vom Jahre 1580,[141]) welche mit der genannten Württembergischen in ihren Bestimmungen vielfach wörtlich übereinstimmt, ferner in der Weimarischen vom Jahre 1619"[142]) („Es sollen, soviel müglich, alle Kinder, Knaben und Mägdlein, mit allem Ernst und Fleiss zur Schulen gehalten werden"), ebenso in der schon angeführten Sachsen-Koburgischen Kirchenordnung

---

[138]) Vgl. Methodus v. J. 1672 Cap. I u. XIII; Eyringius a. a. O. S. 69 — Nach Galletti (a. a. O. I, 273) gründete Herz. Ernst 10 Schulen, nach Eyringius (a. a. O. S. 166) 20 Schulen.
[139]) Gräfe a. a. O. III, 272 f; Heppe a. a. O. II, 37.
[140]) Vormbaum a. a. O, I, 161; Heppe a. a. O. I, 33; Müller a. a. O. S. 133.
[141]) Vormbaum a. a. O. I, 294.
[142]) Vormbaum a. a. O. II, 217.

vom Jahre 1626 und in anderen mehr. Doch war bei allen diesen Bestimmungen eine in unserem Sinne gesetzliche allgemeine Schulpflicht, wie sie Herzog Ernst durchzuführen bestrebt war, noch nicht ausgesprochen. Schon in der ersten Ausgabe des Schulmethodus hatte er dieselbe verordnet; in der Ausgabe von 1672 lautet das Gesetz:

> „Alle Kinder, Knaben und Mägdlein, sowol in Dörffern als in Städten, sollen, so bald sie das fünffte Jahr ihres Alters zurückgeleget, in die Schule auff die von den Cantzel geschehene Abkündigung ohne Aufenthalt geschicket, und darbey so lange, biss sie, was ihnen zu wissen nöthig ist . . . . . . gelernet haben, und zwar nicht nur im Winter, sondern auch im Sommer beständig gelassen, und nicht aus eigener Willkühr davon abgezogen, viel weniger gar herausgenommen werden, biss sie auff geschehene Erforschung von den Vorgesetzten zur Losszehlung . . . . . . tüchtig erachtet worden, und ordentlich abgedanket haben."

Winter und Sommer sollen nach der Bestimmung des Methodus die Kinder in die Schule geschickt werden. Wir ersehen aus dieser Bestimmung, welche z. B. auch in der Weimarischen Schulordnung (vgl. oben!) auftritt, dass an vielen Orten nur ein Teil des Jahres Unterricht in der Volksschule mag erteilt worden sein. In der Stadt wird der Schulmeister die Kinder auch während des Sommers unterrichtet haben, auf dem Lande dagegen, wo die Kinder den Eltern während dieser Jahreszeit bei Garten- und Feldarbeiten behülflich sein mussten, wird sich der Unterricht nur auf die Winterszeit beschränkt haben.[143])

Mit der Controlle des Schulbesuchs im allgemeinen, hing die des regelmässigen Schulbesuchs der in die Schule aufgenommenen Kinder zusammen. Der Methodus verordnet, dass diejenigen Eltern, welche ihre Kinder mit Absicht von der Schule fernhalten, nach erfolgter fruchtloser Ermahnung von seiten des Pfarrers das erste Mal zur Zahlung von 1 Groschen, das zweite Mal von 2 Groschen u. s. f. bis 6 Groschen gezwungen werden sollten, ihre Kinder in die Schule zu schicken. (XII, 21.)

---

[143]) Gelbke, Herz. E. d. E. I, 118; Heppe a. a. O. I, 32; Müller a. a. O. S. 132 f.

Die Verkündigung des Eintritts in die Schule muss bereits 14 Tage vor Beginn der Ernteferien vom Pfarrer in der Kirche unter Vorlesung des Methodus erfolgen, damit der Schuleintritt der Kinder möglichst gleichzeitig vorsichgehen kann. Die Versetzung beziehungsweise Entlassung der Schüler ist von einem zu bestehenden Examen abhängig gemacht, welches acht Tage vor Beginn der Getreideernte seinen Anfang nimmt und von dem Ephorus und dem geistlichen Untergericht (siehe i. folg.) geleitet wird. Es müssen Probeschriften und Probeexempel vorgelegt werden, desgleichen erfolgt von seiten der Schulbehörde eine genaue Durchsicht der im Jahre von den Lehrern gemachten Korrekturen in den Schreibheften. Die Prüfung erstreckt sich auf alle Lectionen, dagegen bleibt es der Prüfungsbehörde überlassen, zur Erleichterung ihrer Arbeit den Pfarrer oder Lehrer nur über ein bestimmtes Thema prüfen zu lassen. Auch Prämienvertheilungen sollen stattfinden, welche aus den Strafgeldern der Eltern zu beschaffen sind. Die zur Entlassung nicht völlig reif Befundenen haben nach Möglichkeit noch diejenigen Schulstunden zu besuchen, in welchen das Wissensgebiet, worin sie Lücken gezeigt haben, zur Behandlung kommt. Drei Schulklassen werden festgesetzt: eine Unter-, Mittel- und Oberklasse. In den einzelnen Klassen wiederum Abteilungen zu bilden, war ausdrücklich verboten; in jeder Klasse sollte mit allen Kindern dasselbe getrieben werden. Der Lehrer ist verpflichtet vormittags drei und nachmittags drei Stunden Unterricht zu erteilen, mit Ausnahme von Mittwoch und Sonnabend, an welchen Tagen nachmittags freie Zeit ist. Über die Anzahl der in jeder Klasse befindlichen Schüler, über deren Namen, Alter, Begabung, Fortschritte und Versäumnisse hat sich der Lehrer Verzeichnisse anzulegen. Diese Verzeichnisse (Tabellen) sind den Schulbehörden bei ihrem Besuch in der Schule vorzulegen und schliesslich vor dem Examen dem Superintendenten zuzusenden, der sie mit denen des vorigen Jahres zu vergleichen hat, um ein Urteil über Fortschritte beziehungsweise Rückschritte der Schüler in wissenschaftlicher wie sittlicher Hinsicht festzustellen. Desgleichen wird ein ausführlicher Lectionsplan vorgezeichnet, dem eine Angabe der Gebete und Gesänge beigefügt ist, mit denen der

Unterricht beginnen und schliessen soll. (V.) Die Auswahl der
Gesänge ist den Festzeiten entsprechend getroffen. Es ist im
Lectionsplan nur auf die Thätigkeit eines Lehrers Rücksicht
genommen; bei zwei Lehrern hat der eine die beiden unteren,
der zweite die oberste Klasse zu unterrichten. In Städten, wo
mehr Lehrkräfte nötig sind, hat über eine den Umständen an-
gemessene Abänderung des vorgeschriebenen Lehrplanes der
Superintendent zu entscheiden. Damit nun der Unterricht einen
erspriesslichen Fortgang nähme, veranlasste Herzog Ernst den
Rector Reyher zur Abfassung von Lehrbüchern, welche den
Zwecken und Zielen der Volksschule entsprechend wären. Es
waren dies das „Teutsch Abc- und Syllaben-Büchlein für die
Kinder im Fürstenthume Gotha (1641)",[144]) das „Teutsche Lesebüchlein (1642)", welche beiden Bücher nach einem Ausschreiben
des Herzogs vom 22. September 1659 jedem Schulkinde einmal
unentgeltlich aus den Mitteln der Mildenkasse (siehe i. folg.)
verabreicht werden sollten; sodann: „Arithmetica oder Rechenbüchlein" (3. Auflage von 1653, die anderen Auflagen unbekannt),
welches durch Verordnung vom 19. October 1646 in die Schulen
des Fürstentums Gotha eingeführt wurde und den armen Kindern
umsonst gegeben werden sollte; ferner „der Psalter mit den
Summarien D. Daniel Cramers (1643)", welchen arme Kinder
seit dem Ausschreiben vom 4. März 1644 umsonst erhielten, und
der zur Übung im Lesen benutzt wurde, nach Fürstl. Ausschreiben vom 21. Dezember 1643 für solche Kinder, welche das
Lesebüchlein zwar absolviert, aber es doch zu keiner Fertigkeit
im Lesen gebracht hatten. Durch Ausschreiben vom 6. September 1662 wurde anstatt dieses Psalters ein anderes Büchlein
eingeführt, das nicht nur diejenigen Psalmen, welche die Kinder
in der Schule auswendig lernen mussten, sondern auch verschiedene nach allen Hauptstücken eingerichtete Gebete enthielt.
Dieses Büchlein, welches zum Unterschiede des früheren Lesebüchleins die „Lesens-Übung" genannt wurde, musste durch

---

[144]) Über die Verfassung des Abc- u. Syllaben- und darauffolgenden
Lesobüchleins vgl. cap. 6 des „Special- u. sonderbahren Berichts" d. d. 1642
bei Müller a. a. O. S. 15 ff.

Ausschreiben vom 27. Juli 1664 von allen Kindern der oberen und mittleren Klassen angeschafft werden, die Armen hinwiederum erhielten es durch Ausschreiben vom 10. August 1669 umsonst. Sodann wurden noch als Lehrbücher verfasst: ein „Evangelien-Büchlein" und ein „Teutsch-Gesangbüchlein" und endlich auch der „Kurze Unterricht von natürlichen Dingen, von etlichen nützlichen Wissenschaften, von geistlichen und weltlichen Landessachen und von etlichen nützlichen Hausregeln (1656)"[145]) (siehe i. folg.).

Ausser genannten Büchern musste jede Schule als Inventarium eine Bibel oder wenigstens einen Auszug aus derselben, eine kleine Postille und eine „Sterbekunst" besitzen. Dem Pfarrer und Lehrer wurden die Lehrmittel aus dem Ertrag des Gotteskastens beschafft und als Inventarium einregistriert. Auch war es Pflicht des Lehrers, die nötigen Schreibmaterialien den Kindern beschaffen zu helfen. Wie weit sich die Fürsorge des Herzogs um die Einführung von Anschauungsmitteln in seine Volksschule erstreckte, werden wir im methodischen Teil dieser Abhandlung kennen lernen.

Viele der hier genannten Bestimmungen, wie die Einführung des Schuljahres, der Schulexamina, Lehr- und Lectionspläne,[146]) Schulbücher und Prämienverteilungen[147]) hatten bisher zumeist nur für die Latein- und Klosterschulen Geltung gehabt, Herzog Ernst führte sie in seine Volksschule ein und gab Veranlassung, dass ihre Einführung in die deutsche Volksschule überhaupt immer allgemeiner wurde. Die jährlichen Schulexamina sind allerdings eine sehr alte Einrichtung; sie lassen sich auf Karl d. Gr., dem Gründer des deutschen Volksschulwesens[148]) zurückführen; doch hatten sie bei den damaligen wenig geregelten Schulverhältnissen keine allgemeinere Verbreitung gefunden, was nunmehr eintritt.

---

[145]) Brückner a. a. O. III, 4, 1 ff (Stiftung der Mildenkasse); Gelbke, Kirch.- u. Schul.-Verf. I, 48 ff u. 184 u. 299 ff (Urkunde zur Fundation der Mildenkasse); Gelbke, Herz. E. d. E. I, 103; Beck a. a. O. I, 511 f.
[146]) Gräfe a. a. O. III, 275.
[147]) Vgl. die Jesuiten: Raumer a. a. O. II, 247.
[148]) Gräfe a. a. O. III, 191 f.

Lehrbücher für die Volksschule waren damals in den Händen der wenigsten Kinder. Im allgemeinen galten während des ganzen Reformationszeitalters Luthers Katechismus und Gesangbuch für die einzigen Volksschulbücher. Der Katechismus diente häufig zugleich als Lesebuch. Daneben wird zuweilen noch ein Psalmbüchlein oder ein (aus Sirach, den Sprüchwörtern und dem Neuen Testament bestehendes) Spruchbüchlein, mitunter auch Trotzendorfs „Rosarium", eine herausgegebene Sammlung biblischer Sprüche, erwähnt. In einigen Schulen kamen auch Valentin Ickelsamers methodisches Lesebuch: „Von der rechten Weise, lesen zu lernen" und seine „Teutsche Grammatica" (1533), „daraus einer von ihm selbst mag lesen lernen", desgleichen „der Laien Biblia", worin das Alphabet, die Lautbuchstaben und die stummen Buchstaben, die drei Hauptschriften mit Erklärung aus Luthers Schriften, einige Bibelsprüche und die Ziffern von 1—100 enthalten waren, zur Anwendung. In der Württembergischen K.-O. wird die sogenannte „Taffel" erwähnt, „darinn der Katechismus, Psalmenbüchlein, das Spruchbüchlein Salomonis, Jesus Sirachs, neven Testaments vnd dergleichen vorhanden". Ganz dieselben Volksschulbücher werden auch in der Kursächsischen K.-O. angeführt. In der Casimir'schen Sch.-O. werden, wie wir gesehen, nur Luthers Katechismus und Gesangbuch erwähnt. Seit dem 17. Jahrhundert finden die Fibeln eine zeitgemässere Bearbeitung, desgleichen erscheinen besondere Bearbeitungen von Luthers Katechismus. So war Herzog Ernst einer der ersten in den deutschen Landen, der sein Augenmerk auf die Einführung brauchbarer und gediegener Schulbücher für das Volk richtete.[149]

Nur wenige Schulordnungen wie z. B. die Württembergische und die Niedersächsische vom Jahre 1585 hatten die Trennung der Geschlechter in den Klassen verordnet.[150] Zur Errichtung von Mägdeleinschulen hatte, wie erwähnt, schon die Casimir'sche Sch.-O. die Frauen der Küster aufgefordert. Im Schulmethodus

---

[149] Heppe a. a. O. I, 33 f; Gräfe a. a. O. III, 287; Vormbaum a. a. O. I, 160 u. 294; C. Kehr, Geschichte der Methodik des deutschen Volksschulunterrichts, Gotha 1877 (4 Bde.) II, 364 ff.
[150] Vormbaum a. a. O. I, 159 u. 400.

Herzog Ernst's findet die Vorschrift, Knaben und Mädchen gesondert zu setzen, besondere Hervorhebung. Das Dreiklassensystem wurde jetzt in den Volksschulen allgemeiner. Es wurde bereits in der Württembergischen und in der Kursächsischen K.-O. vorgeschrieben; doch sollten in den einzelnen Klassen selbst wieder gewisse Schüler-Abteilungen gebildet werden, eine Massregel, die, wie erwähnt, Herzog Ernst' verbot, offenbar damit die Aufmerksamkeit der Kinder derselben Klasse eine ungeteilte bleibe.[151])

II. Das Schullehramt. Herzog Ernst sorgte nach Möglichkeit für die Anstellung solcher Lehrer, welche sowohl Kenntnisse und Geschicklichkeit im Unterrichten besassen, als auch von anerkannter Sittlichkeit, Rechtschaffenheit und Pflichttreue waren. Die Lehrer in Städten und Dörfern waren gerade damals zum teil so schlecht gestellt, dass man aus Mangel an geschickten Männern die Lehrerstellen mit gewöhnlichen Handwerkern besetzen musste, welche oft nicht einmal lesen und schreiben konnten, weswegen auch Herzog Ernst am 23. September 1651 die Verordnung erliess: „dass die Schulmeister sich im Schreiben und Rechnen fleissiger üben und die Jugend darin besser unterrichten sollen", ferner am 10. März und 5. April (nach Brückner am 25. April) 1653 die Verordnung: „dass die Schulmeister entweder privato studio oder durch ihre vicinos pastores vel ludimoderatores im Rechnen sich sollen unterrichten lassen". Sollte jedoch der Lehrer sich voll und ganz seinem schwierigen und verantwortungsvollen Berufe hingeben, sollte er seine ganze Zeit und Kraft dem Unterrichte widmen können und nicht nebenbei noch ein Handwerk treiben, wie dies die Casimir'sche Sch.-O. noch gestattete, weil ihm sein Schuleinkommen nicht den notwendigen Lebensunterhalt gewährte, so war es unbedingt nötig sein Einkommen zu erhöhen. Und in der That sorgte Herzog Ernst für die Besoldung der Lehrer in einer Weise, die seiner Gerechtigkeitsliebe zum vollen Ruhme gereicht.[152])

---

[151]) Vormbaum a. a. O. I, 160 u. 293.
[152]) Eyringius a. a. O. S. 165 sagt von Herzog Ernst: Ecclesias et Scholas earumque ministros perpetuo in oculis gerebat: gaudebatque maxime, cum hic

In der vom 19. April 1629 datierten Stiftungsurkunde bestimmte er eine Summe von 27000 Mfl. (die er aus eigenen Ersparnissen zusammengebracht) dazu, dass von deren Interessen jährlich 537 Mfl. zur Verbesserung der Pfarrer- und Lehrerbesoldungen und zur Anschaffung von Abc- und Lesebüchern für Schulkinder verwendet werden sollten. Im Jahre 1650 bewog Herzog Ernst die Landstände, drei Steuern in 3 Jahren, zusammen 30750 Mfl. zur Erhöhung der Pfarrer- und Lehrergehälter zu bestimmen; im Jahre 1660 bei Verteilung der Grafschaft Henneberg widmete er abermals 20000 Mfl. und vermehrte diese Stiftung auch zu anderen milden Zwecken (für die Armen, Waisen etc.) bis auf die damals ungeheure Summe von 142021 Mfl. 9 Gr. (= 150000 M.) Am 15. Januar 1670 erfolgte die „Grosse Fundation der Mildenkasse". Die meisten Unterstützungen gab der Herzog aus seiner Kasse, indem er selbst, wie erwähnt, eine einfache und bescheidene Lebensweise führte und allem Luxus und allen Vergnügungen eines Hoflebens entsagte. Sein Grundsatz war: „Ein Fürst soll nicht allein bedenken, dass er Mensch ist, sondern auch, dass seine Unterthanen Menschen sind". In gleicher Weise veranlasste er die Patrone, Gemeinden und Eltern zur Zahlung von Schulgeldern. „Wer Rechte haben will," pflegte er zu sagen, „muss auch Pflichten übernehmen". Mit Befriedigung konnte er daher dem Oberhofprediger Weller in Dresden schreiben (am 12. April 1653), dass er die Schulmeisterbesoldungen auf dem Lande soweit verbessert habe, dass jeder zum wenigsten 50 Gulden an Geld, auf zwei Personen Brotkorn und frei Getränke, gewisse Garten- und Küchenspeise, frei Holz und freie Wohnung habe. Und als er einst einen Schulbesuch in einem Orte des Amtes Reinhardsbrunn machte und den Lehrer gerade antraf, wie er krank daniederliegend seine Schüler um sein Bett versammelt hatte und sie unterrichtete, wurde er durch dieses Beispiel

---

liberalis esse, suoque auro ad Dei gloriam uti posset. Cum videret Princeps pluribus locis parochos tenuissimo salario vitam misere tolerare, et saepe aliis rebus, quam sacris studiis, ut familia alatur, operam dare, atque ludimagistros etiam opificium exercere, vel mercenariorum opera defungi, et sic honestatem juventutisque institutionem negligi, eorum salariis tantum pecuniae et frumenti adiecit, ut sine incongruis laboribus honeste tamen omnes possent vivere."

seltener Berufstreue dermassen gerührt, dass er den Entschluss fasste, für die Hinterbliebenen der Lehrer zu sorgen, und deshalb einen Fiskus von 500 Thalern für Lehrerwitwen gründete (1645).[153])

III. Schulaufsicht. Herzog Ernst wollte die Schule nicht mehr in völlige Abhängigkeit vom Pfarrer und von der Gemeinde gesetzt wissen; der Lehrer sollte nicht mehr der Diener des Pfarrers sein, nicht das Schulamt als Nebensache und das Küsteramt als seine Hauptbeschäftigung betrachten, sondern der Volksschule sollte eine möglichst selbständige Stellung und Wirksamkeit angewiesen werden. Von einer gänzlichen Emanzipation der Schule von der Kirche ist allerdings nirgends in den Verordnungen Herzog Ernst's die Rede, vielmehr hat der Lehrer in allen zweifelhaften Fällen den Rat des Pfarrers einzuholen, er hat, wie erwähnt, Rechenschaft über Fortschritte, Versäumnisse der Schüler u. dgl. m. dem Consistorium, welches durch Verordnung vom 31. Januar 1648 die Aufsicht über das gesamte Kirchen- und Schulwesen führte,[154]) zu geben, doch hatte die weltliche Macht insofern an der Verwaltung des Schulwesens teil, als der Schulmethodus ein Werk der Staatsregierung war, und die höchsten geistlichen Behörden selbst erst wieder von dem Regenten bestätigt wurden.

Um die Wirksamkeit des Consistoriums zu unterstützen, setzte Herzog Ernst geistliche Untergerichte ein,[155]) für die er zunächst durch Ausschreiben vom 17. Januar 1644 einen Auszug

---

[153]) Brückner a. a. O. III, 7, 1 u. 4, 4; Gelbke, Kirch.- u. Schul.-Verf. I, 51; 54 f; 184; 187; 299 ff; Gelbke, Herz. E. d. E. I, 45; 194 f; 301; 312; II, 177 ff; Beck a. a. O. I, 494 u. 499, an welcher Stelle sich ein Verzeichnis über die Besoldungszulagen befindet, welche Herzog Ernst den Lehrern bewilligte; I, 502 f u. II, 85, wo der Stiftungsbrief der Mildenkasse v. 19. April 1629 abgedruckt ist; vgl. auch C. Kehr in Schmids Encykl. Bd. 7, S. 493.

[154]) Rudolphi a. a. O. II, 177 f; Brückner a. a. O. I. 4, 1 f u. I, 5, 1 f; Gelbke, Kirch.- u. Schul.-Verf. I, 99 ff; Gelbke, Herz. E. d. E. II, 189 ff; Beck a. a. O. I, 333 ff; Herzog Friedrich II legte diesem Consistorium durch Rescript v. 30. Mai 1713 den Namen „Ober-Consistorium" bei.

[155]) Rudolphi a. a. O. IV, 250 ff; Brückner a. a. O. I, 10, 1 ff; Gelbke, Kirch.- u. Schul.-Verf. I, 127 ff.

aus der Consistorialordnung (Tit. 22) veröffentlichen liess, und gab ihnen im Jahre 1650 eine eigene „Geistliche Untergerichtsordnung", die im Jahre 1668 vermehrt und verbessert wurde.[156]) Diese geistlichen Untergerichte, 24 an der Zahl,[157]) setzten sich in den Städten aus dem Superintendenten, dem Amtmann und einigen vom Rat zusammen, in Ämtern aus dem Superintendenten oder Adjuncten des Orts und dem Amtmann, in adlichen Gerichten aus dem Superintendenten oder Adjuncten, zu dessen Inspektion die adlichen Ortschaften gehörten, und dem adlichen weltlichen Richter. Sie hatten die unmittelbare Aufsicht über alle Kirchen- und Schulsachen, sowie über bürgerliche Ordnung und Disciplin und mussten hierüber je nach den Umständen eingehende Berichte an das Consistorium einsenden.

An einigen Orten im Herzogtum Gotha hatte der Brauch geherrscht, dass der Lehrer gleich dem Kuhhirten und Nachtwächter alljährlich aufs neue um Verlängerung seines Dienstes bei der Gemeinde nachsuchen musste und dann durch Leihkauf von einigen Groschen von derselben aufs neue dazu verpflichtet wurde (vgl. die Casimirsche Sch.-O.). Diese den Stand und die Bedeutung des Lehrers herabsetzende Sitte schaffte Herzog Ernst durch Rescript vom 7. August 1646 ab und verordnete durch Ausschreiben vom 9. Februar (nach Brückner vom 8. Februar) 1659, dass die Schuldiener nach geschehener Bestellung von dem Orts-Superintendenten, oder wenn deren drei oder mehrere am Orte sind, die untersten zwei von dem Superintendenten, die obersten aber jedesmal von dem Consistorium für immer „confirmirt" werden sollten.[158])

IV. **Lehrstoff.** Als Lehr- und Unterrichtsfächer schreibt der Schulmethodus (v. 1672) vor:

---

[156]) Durch Patent v. 18. Aug. 1719 (nach Brückner: v. 28. Aug. 1719) wurde diese „Geistliche Untergerichtsordnung" in öffentlichen Druck gebracht.

[157]) Nämlich zu Gotha, Goldbach, Molschleben, Friedrichswerth, Tenneberg, Waltershausen, Reinhardsbrunn, Georgenthal, Zella, Ichtershausen, Volckenroda, Wangenheim, Winterstein, Sonneborn, Liebenstein, Molsdorf, Gräfenrode, Elgersburg, Gross-Kochberg, Mechterstedt, Thal, Nazza, Gross-Fahner, und Herbsleben. Später wurde ihre Zahl auf 35 vermehrt.

[158]) Brückner a. a. O. III, 4, 4; Gelbke, Kirch- u. Schul.-Verf. I, 50 u. 54.

1. Religion.
2. Lesen und Rechnen.
3. Technische Fertigkeiten: Schreiben und Gesang.
4. Realien und Messkunst.

Zu den Realien werden gerechnet:

a. natürliche Wissenschaften: Weltkunde und Geographie; also Erklärung der Himmelskörper, Lufterscheinungen, Himmelsgegenden, Winde, Erdbeben; sodann Pflanzen- und Tierkunde.

b. geistliche und weltliche Sachen: Heimatskunde, Vertrautsein mit den Grenzen, Gesetzen und Gerichten des Landes, überhaupt ein allgemeines Wissen über Landesverfassung, geistliches und weltliches Beamtentum, Gesetze, Handel und Gewerbe u. dgl. m.

c. Die Messkunst, jedoch nur als Unterrichtsgegenstand für Knaben; sie bezieht sich auf die Kenntnis von Linien, Kreisen, Winkeln, Dreiecken, Münzen, Massen, Gewichten u. dgl. m.

Realien und Messkunst finden noch eingehendere Behandlung in einem besonderen Büchlein, dem „Kurzen Unterricht"[139]) (vgl. oben!), „das zwar den Kindern zu recommandiren, doch, dass es in ihrer Freiheit gelassen wird, ob sie selbiges schaffen, oder nach und nach abschreiben wollen." Dieses Büchlein umfasst vier grössere Abschnitte:

1. „Kürtzer Unterricht | von natürlichen Dingen | für die gemeinen teutschen Schulen verfasset." Der Inhalt ist kurz folgender:

Cap. 1. „Von natürlichen Dingen." Besprechung der Himmelskörper (Sonne, Mond und Sterne nach dem ptolemäischen System.

Cap. 2. „Von den vier Elementen | wie auch von den Geschöpffen, so sich zwischen Himmel und Erde ereignen, und Meteora, das ist Feuer-Zeichen und Witterungen genennet werden." Kurze Abhandlung über die vier Elemente, die Irrlichter, Sternschnuppen, über Blitz und Donner, über Wolken, Regen, Tau, Reif, Winde, Erdfälle, Regen, Morgen- und Abendröte, Sonnen- und Mondhöfe.

Cap. 3. „Vom Erdkreis". Definition: 1. des Steines; 2. der Pflanze: 3. des Tieres; 4. des Menschen. Besprechung hervorragender Edelsteine und Perlen, Motalle, Mineralien und Bodenarten.

Cap. 4. „Von Kräutern und Bäumen". Es giebt Speise- und Arzneikräuter (für Haupt, Augen, Ohren, Mund, Hals, Brust, Lungen, Herz, Magen, Leber, Milz und Nieren), solche zur Weide fürs Vieh, „oder wenn sie Blumen tragen zur Lust und Geruch", sodann Bäume und Sträucher.

---

[139]) Rudolphi a. a. O. IV, 79 ff; Müller a. a. O. S. 105 ff.

Cap. 5. „Von unvernünftigen Thieren." Es giebt Tiere, die in der Luft, im Wasser und auf der Erde leben.

Cap. 6. „Vom Menschen"; der menschliche Leib besteht aus Haupt, Rumpf, Armen und Beinen. Das Gehirn ist der Sitz der Einbildung und des Gedächtnisses.

Cap. 7. „Von der Seelen"; die menschliche Seele hat 3 Hauptkräfte;
1. die „lebhaffte" (vegetative) Kraft, sich zu nähren, zu erhalten und zu vermehren; sie kommt auch den Tieren zu.
2. Die „sinnhaffte" Kraft; sie hat drei Wirkungen, die
   a. in den Sinnen (5 äusserliche und 3 innerliche Sinne: Aufmerksamkeit, Einbildung und Gedächtnis),
   b. in der Begierlichkeit,
   c. in der Bewegung bestehen; auch diese Kraft kommt den Tieren zu.
3. Die „vernünftige" Kraft, die im Verstand und Willen besteht. Der Verstand unterscheidet den Menschen vom Tiere, belehrt ihn über Gottes Dasein, über die Begriffe von Tugend und Laster u. dgl. m. Der Wille treibt den Menschen zum Lernen und Forschen und zum Streben nach Ruhm; er ist wie der Verstand oft schwach und begehrt sehr häufig, trotzdem der Verstand das Bessere einsieht, etwas Böses. Ein weiteres Merkmal der menschlichen Seele ist ihre Unsterblichkeit.

Zum Schluss folgen „Haupt-Abtheilungen | in welche | nach Anleitung des vorhergehenden Unterrichts | alle natürliche Ding gebracht werden können."

2. „Kurtz- und einfältiger Unterricht | von etlichen dem gemeinen Mann nützlich- und nothwendigen Stücken, aus unterschiedlichen Wissenschaften zusammengezogen." (Mit 35 geometrischen Figuren).

Es kommen zur Besprechung: „die Music' (Zweck der Musik: sie dient zur Ehre Gottes und zur Freude des Menschen; Arten der Musik: Gesang und Insrumentalmusik.) | Rechen und Messkunst | Maass | Gewicht | Müntz- und Landes-Beschreibung | Bau-Kunst | Zeitrechnung"; sodann „ist aus der Messkunst zu wissen | was ein Punkt, Linieen, Circul, Winkel, Dreyeck, Viereck und dergleichen sey." Einteilung der Linien, Erklärung des Winkelmasses, Einteilung der Winkel und Dreiecke, Anleitung zur Ausmessung geradliniger Figuren und des Kreises. Besprechung des Masstabes, der Hohlmasse, der Visirschnur, der Gewichte, Münzen, einfachen Maschinen, der geographischen und der Zeitmasse Zur besseren Ausführung gegebener Anweisungen sollen angeschafft werden: „Ein Lineal einer Ellen lang. Ein Zirkel | daran auch eine Feder gemacht werden könne. Eine Bley-Wage | zu den perpendicular- und Grund-Linieen | welche auch an statt eines Winkelmases gebraucht werden könne. Ein par kleine oder Strick-Rollen. Ein Compass. Die 6 Stück Gewicht (Centner, Pfund etc.), deren im 64 § gedacht wird."

3. „Unterricht | was etwan dem gemeinen Mann von Geist- und Weltlichen Landessachen zu wissen vonnöthen seyn möchte."

Es wird gefordert: „dass ein jeder des Landes und Orths Gelegenheit, sein Eigenthum und Vermögen, die Hohe und Nieder-Obrigkeit, wie auch die Ordnungen und Gebräuche (Aemter und Berufsarten sowie deren Zwecke) wissen | und wie es damit beschaffen | so viel in der Einfalt moeglich | und ihnen noethig | verstehen soll" (§ 1—46); sodann „was ein Unterthan allenthalben vor Gerechtigkeit und Nutzen zu gewarten | und zu geniessen habe" (§ 47—53), und endlich wie er „vermoege Goettlichen Gebots | und der unumgänglichen Nothwendigkeit | verbunden ist | zu Erhaltung des Obrigkeitlichen Standes, Friede und Ruhe, zu geben und zu leisten | der hohen Obrigkeit: Gehorsam, Treu, Steuer, Geschoss, Heeres- und Land-Folge etc" (§ 54—59). Es werden also kurz die Rechte und Pflichten eines Bürgers besprochen. Zuletzt folgt eine Aufzählung der obrigkeitlichen und gemeinnützigen Ordnungen (Landes-, Kirchen-, Polizei- etc. Ordnungen).

4. „Folgen etliche nützliche Hauss-Regulen | zu des gemeinen Mannes Nutzen mit anhero gesetzet."

Es werden für Hausväter und -Mütter sowie für Hausgenossen Vorschriften und Regeln gegeben, die noch heute ihre Geltung haben.

Gefordert werden: Treue Berufserfüllung, gutes Beispiel, Berücksichtigung der allgemeinen Wohlfahrt, Sparsamkeit, standesgemässe Lebensweise, rechte Erziehungskunst, berechtigte Hilfeleistung seinem Nächsten gegenüber, weise, dem Einkommen gemässe Haushaltung, willige Entrichtung der öffentlichen Abgaben, Gottvertrauen im Missgeschick, Sorge von seiten des Hausherrn für Arbeit seiner Hausgenossen und für rechtzeitige und mögliche Arbeitsausführung, Ordnung in den Hausgerätschaften, berechnende Vorsicht von seiten des Hausherrn beim Verkauf seiner Güter und bei Spekulationen, Sicherstellung abgeschlossener Käufe, geleisteter Geldzahlungen etc. durch handschriftlich beglaubigte Urkunden und ehrliche Zeugen, Vermeidung schwieriger oft das ganze Vermögen gefährdender Processe, denen in vielen Fällen ein gütlicher Vergleich vorzuziehen ist.

Als Hauptgegenstand des Unterrichts galt Religion; ihr wurde — offenbar zur sittlichen Hebung des verkommenen Volkes — die meiste Zeit gewidmet. Die Lehrgegenstände 1 bis 3 ausser Rechnen werden schon in früheren Kirchen- und Schulordnungen erwähnt, so z. B. in der Württembergischen (1559), Kursächsischen

(1580), Strassburger (1598) und Weimarischen (1619);[160]) in den ersten beiden Ordnungen wird Rechnen zwar nicht als Unterrichtsgegenstand angeführt, wohl aber wird vom Schulmeister verlangt, dass er es verstehe;[161]) nach der Strassburger K.-O. soll „bissweilen Rechnen" gelehrt werden. Neu eingeführt als Lehrgegenstände der Volksschule sind die Realien und die Messkunst. Ein flüchtiger Blick auf dieses Gebiet lehrt, dass es zum teil dieselben Unterrichtsgegenstände sind, welche Comenius (1592 bis 1671) in seiner „Didactica Magna" vom Jahre 1631 für die schola materna und die schola vernacula fordert.[162]) Diese seine Forderungen wurden zwar durch das Eintreten des 30jährigen Krieges zunichte gemacht, von späteren Generationen aber, wie wir noch sehen werden, wiederum aufgenommen und erneuert.

V. **Lehrmethode und Unterrichtsgrundsätze.** Der Schulmethodus (v. 1672) hat zumeist Unterrichtsgrundsätze von Ratichius (1571—1635) und besonders von Comenius aufgenommen. Stimmte doch der eigentliche Verfasser des Methodus, Andreas Reyher, in seinen pädagogischen Grundsätzen grösstenteils mit genannten Männern, namentlich mit Comenius, überein. Herzog Ernst hinwiederum war ein Anhänger der Methode Ratichs, zumal seine Mutter, die geistvolle Herzogin Dorothea Maria, eine Schülerin des letzteren gewesen war. (Vgl. oben!)[163])

1. **Religion.** Die gothaische Schulreform ist von besonderer Bedeutung für die Entwicklung des christlichen Religionsunterrichtes geworden. Zwar hatte Luther den vom 8. bis 12. Jahrhundert in deutscher Sprache erschienenen christlichen Belehrungs- und Erbauungsschriften eines Hrabanus Maurus († 856),

---

[160]) Vormbaum a. a. O. I, 163; 296; 400; II, 215.
[161]) Vgl. auch Raumer a. a. O. I, 319.
[162]) Raumer a. a. O. II, 81 f; Schmidt a. a. O. III, 390 f; Leutbecher, Joh. Amos Commenius Lehrkunst; Nach ihrer Gedankenfolge dargestellt (Leipz. 1854) cap. 28 u. 29 (S. 127 ff).
[163]) Gelbke, Herz. E. d. E. I, 46 f; Müller a. a. O. S. 121 ff; vgl. auch Hannoversches Magazin v. J. 1776: „Erneuertes Andenken der Erziehungs- u. Schulanstalten Herzogs Ernst's des Frommen von Gotha, und besonders der dabey angenommenen Grundsätze", dessen anonymer Verfasser nach Gelbke (Vorrede zur Kirch.- u. Schul.-Verf.) der Superint. Just. Christian Stuss zu Waltershausen († 1788) ist.

Otfried (um 860), Notker Laber († 1022) etc.¹⁶⁴) eine Fassung gegeben [— wobei ihm, wie Joh. Friedr. Mayer bemerkt,¹⁶⁵) die Kirchenlehrer der ersten christlichen Jahrhunderte zum Vorbild dienten —], dass sie den Kleinsten und Geringsten verständlich sein mussten; er hatte auf verständige Auslegung der christlichen Lehren und deren Nutzanwendung auf's tägliche Leben gedrungen Doch gerade diese beiden Forderungen wurden in der Folgezeit vernachlässigt, wenngleich einzelne Männer wie Valentin Trotzendorf (1490—1556), Michael Neander (1522—1595), Valentin Andreae (1586—1654) auf eine klare Darlegung der einzelnen Katechismusstellen durch Zergliederung, Definition und Umschreibung besondere Betonung legten. Erst als durch den 30jährigen Krieg Roheit und Verwilderung im Volke eingerissen, da waren es einige Männer, die für eine den Verstand und besonders das Herz bildende Pflege des christlichen Religionsunterrichtes eintraten. Zu diesen Männern gehörte neben Phil. Jacob Spener (1635–1705) und Aug. Hermann Francke (1663–1727) auch Herzog Ernst. Den Schülern der oberen Klassen namentlich bei ihrer Vorbereitung zum hl. Abendmahl, sollte der Katechismus zum vollen Verständnis gebracht werden, und zwar dadurch, dass der Lehrer die einzelnen Lektionen in den verschiedenen Religionsbüchern (in dem Katechismus, dem kurzen Begriff, den christlichen Lehrpunkten) nicht der Reihe nach, wie sie verzeichnet standen, sondern in ihrer inhaltlichen Beziehung zu einander besprechen, und sie gegenseitig ergänzen, das eine durch das andere verdeutlichen und erklären sollte, zugleich unter nützlicher Anwendung der gelernten Sprüche, Psalmen u. dgl. m. Durch sachgemässe, die Antwort erleichternde Nebenfragen, durch Wiedergeben des betreffenden Sinnes mit anderen Worten wurde auf eine genaue logische Auffassung

---

¹⁶⁴) Kehr, Gesch. d. Meth. I. 47 ff.
¹⁶⁵) Joh. Friedr. Mayer i. s. „Triga Dissertationum Theologicarum" (Greifswald 1707) S. 93 sagt: „Nagnum itaque studium pii Patres olim Catechumenis impenderunt, Clemens Alexandrinus [apud Hieronymum de Script. Eccles.], Origenes [Euseb. L. 6. Hist. Eccles. c. 2], Cyrillus Hierosol. alii. Horum expressissima vestigia secutus Lutherus, omni studio, omni conatu id egit, ut Catechismum, in Papatu ignoratum, in ecclesiam reduceret."

gedrungen, so dass auf diese Weise die Katechismusübungen zugleich zu Verstandesübungen wurden. Doch sollte neben der logischen Analyse zugleich die praktische Anwendung der christlichen Lehren ins Auge gefasst werden, damit die Kinder nicht blos Rechenschaft von den wichtigsten Glaubenspunkten und christlichen Lebenspflichten zu geben vermochten, sondern auch durch fleissige Gewöhnung zur Selbstprüfung Busse und thätige Erweisung des Glaubens lernten.

Der Schulmethodus (v. 1672) bestimmt: In der untersten Classe werden die blossen Textworte des Katechismus ohne Auslegung, einzelne biblische Sprüche, drei (20., 100. u. 117.) Psalmen, sechs Reimgebete durch Vorsprechen gelernt und zugleich das Vaterunser, das Glaubensbekenntnis, das Tischgebet, der Morgen- und Abendsegen und endlich die zehn Gebote; mit den Kindern der Mittelklasse die 6 Hauptstücke des Katechismus mit Auslegung nebst einer Anzahl biblischer Sprüche, sechs (1., 46., 67., 110., 121. u. 130.) Psalmen und zehn Reimgebete. Die obere Klasse lernt den „Kurzen Begriff" Sprüche, drei und zwanzig (3., 6., 13., 15., 22., 25. 27., 32., 34., 51., 63., 84., 85., 90., 91., 103., 113., 116., 122., 127., 139., 143., 146.) Psalmen und die übrigen Reimgebete. „Wenn man die biblischen Historien oder die Bibel in der Schule haben kann", sollen die älteren Kinder auch darin lesen, aber nur die Kapitel, welche man in der Kirche zu lesen pflegt.

Desgleichen diente die „An- und Unterweisung, wie die Predigten gemercket und examiniret werden sollen" dazu, die Kinder immer tiefer in das Verständnis der christlichen Lehren einzuführen und zugleich ihre Verstandesthätigkeit zu schärfen. Die Kinder sollen in der Kirche auf die Predigt achten, aus der die Grösseren etwas nachzuschreiben, die Kleineren Sprüche sich zu merken haben. Der Lehrer hat ihnen darzulegen, dass die Predigt vier Teile umfasse:

1. den Eingang, der in einem Spruche oder einer Geschichte aus der Bibel oder einem Gleichnis aus der Natur etc. besteht.
2. die Abteilung des Textes nach einem oder mehreren Gesichtspunkten;
3. die Abhandlung d. i. Erklärung der Textworte in genauer Aufeinanderfolge gemäss dem Wortverstande;
4. den seligen Gebrauch und Nutzen, d. i. die Nutzanwendung der Textworte; letztere besteht:

a. in der Lehre, wenn durch die Textworte ein Glaubensartikel Bestätigung findet;
b. im Trost, den wir aus ihnen in unseren Nöten schöpfen sollen;
c. in der Mahnung zum christlichen Glauben und gottseligen Leben;
d. in der Warnung vor falscher Lehre, Gottlosigkeit und Lastern.

Es werden sodann die gegebenen Anweisungen im selbigen Kapitel (VII) an Stelle Luc. 18 praktisch durchgeführt. — Sonntags nachmittag, oder auch bei Mangel an Zeit am Montage, hat der Lehrer die Frühpredigt mit den Kindern zu wiederholen. Das Aufschreiben soll er ihnen durch Anweisung erleichtern, wie sie das Wichtigste „kurz mit der Feder fassen" können, anfangs auch erlauben, dass mehrere Kinder sich in die Aufgabe teilen und dann wechselweise sich ergänzen. Zur genaueren Unterweisung und zur Mitteilung dessen, was die Kinder nachzuschreiben oder auch zu behalten nicht imstande waren, möge der Lehrer selbst die Predigt nachschreiben.

2. Lesen und Rechnen. Was die Leselehrmethode anlangt, so soll der Lehrer zuerst den Kindern die Vocale etlichemal vorsagen und sie dann laut, rein und deutlich nachsagen lassen. Dann erst schreibe er das a sieben- bis achtmal an die Tafel, nenne stets den Namen des Buchstaben und veranlasse dabei die Kinder diesen in ihrem Büchlein zu zeigen.[166]) Darauf gehe er zu den übrigen Vocalen über und wende schliesslich dasselbe Verfahren bei den Consonanten an. Sobald die Buchstaben erlernt sind, beginne das Buchstabieren, welches in der Weise geübt werden soll, dass der Lehrer die Silben drei- bis viermal deutlich vorsagt und die Kinder mit dem Griffel richtig darauf in ihrem Büchlein zeigen lässt. Es erinnert diese Leselehrmethode gewissermassen an die Schreiblesemethode des Ratichius, welcher zuerst die Buchstaben deutlich auf die Tafel schrieb, anschauen und nachmalen liess und dann erst deren

---

[166]) Über den Inhalt der gothaischen Fibel vgl. Kehr, Geschichte d. Meth. II, 338.

Namen gab. Ratichius und Comenius verdienen unter den deutschen Pädagogen des 17. Jahrhunderts als Förderer der Schreiblesemethode besonders genannt zu werden. Wenn auch vor Erfindung der Buchdruckerkunst in Deutschland keine andere Methode als die des Schreiblesens verbreitet war, jedoch so, dass das Schreiben dem Lesen vorangestellt wurde, so folgte nach Erfindung der Buchdruckerkunst, zumal in einer Zeit, wo das religiöse Interesse (Lesen in der Bibel und im Katechismus) das vorherrschende war, der Schreibunterricht, wenn überhaupt, erst nach dem Leseunterricht, und zwar gewöhnlich im zweiten oder dritten Schuljahre. Doch unterscheidet sich die Schreiblesemethode des Ratichius von der des Comenius, dass letzterer lautiert, während ersterer buchstabiert, was auch im erwähnten Schulmethodus der Fall ist.[167]

In der mittleren Klasse ist beim Lesen auf Ausdruck und Betonung, sowie auf Interpunktionen zu achten und schliesslich das „zu mehrer Leseübung absonderlich verordnete Büchlein" zu gebrauchen. (Vgl. oben!)

In der oberen Klasse soll den Leseübungen ausser dem zuletzt genannten Büchlein noch die „Sterbekunst" (vgl. oben!) zu Grunde gelegt werden, welche in einzelne Lektionen zu teilen und von den Kindern wechselweise zu lesen ist, so dass sie in sechs Wochen einmal durchgelesen ist. Desgleichen sollen einzelne biblische Kapitel, welche man in der Kirche zu lesen pflegt, als Leseübungen benutzt werden. Endlich sind den Geübteren erst leserliche, sodann etwas unleserliche Handschriften zum Lesen vorzulegen.

Das Rechnen beginnt in der mittleren Klasse und zwar mit dem Einmaleins (nach dem Lesebüchlein); dazu kommt Addieren und Subtrahieren (nach dem Rechenbüchlein); in der obersten Klasse erfolgt die Durchnahme der vier Species, Regeldetri und Brüche. Das Mass der Anforderungen in diesem Unterrichtsgegenstande war also, wenigstens für die damalige Zeit, ein hohes. Der Methodus schreibt vor: „Also soll er (der Lehrer) ihnen auch mündlich durch allerhand Exempel den

---

[167] Schmidt a. a. O. III, 348 f; Kehr, Gesch. d. Meth. II, 399 ff.

Grund recht beibringen, und bald diese, bald jene Zahl fragen, als 3 zu 8, oder 4 zu 9, wie viel machts? 5 von 7, oder 4 von 9, wie viel bleibt? 5 in 25 etc." Bekanntlich war die Rechenkunde damals noch wenig entwickelt, die Methode rein mechanisch. „Man bezielte", sagt Raumer, „eine Rechenkunst, nicht Rechenkunde, arithmetische Theorie. Wie der Handwerksmeister dem Jungen das Handwerk beibringt durch kategorisches Befehlen: zuerst thu das, dann das, so brachte man den Kindern das Rechnen bei, ohne warum und darum, ohne dass der Lehrer irgend darauf ausging, dem Schüler Einsicht in sein (des Schülers) eigenes Thun beizubringen; es galt nur Fertigkeit, welche der Schüler durch vieles Ueben erlangte. Ein solches Lehren ward besonders dadurch möglich, dass man nur schriftliches Rechnen trieb".[168]) Immerhin zeigt die zuletzt angeführte Stelle des Methodus bereits die ersten Anfänge des Kopfrechnens im Schulunterricht, wenn auch noch in unvollkommener Weise. Wir finden hier ein elementares Verfahren im Gegensatz zu der Methode der vielen (gegen 30) im 17. Jahrhundert erschienenen Rechenbücher, welche den Zweck hatten, das Rechnen möglichst angenehm zu machen und zumeist für Erwachsene und Geschäftsleute berechnet waren.[169])

3. Schreiben und Gesang. Das Schreiben beginnt in der mittleren Klasse, „sobald die Kinder im Lesen ziemlich fortkommen können", und zwar ist die Schreiblehrmethode des Schulmethodus die genetische, welche darin besteht, dass der Lehrer einen Buchstaben korrekt vor den Augen aller Kinder an die Tafel zeichnet, denselben in seine Elemente zerlegt, dabei jedem seine Benennung giebt und endlich die Schüler nochmals den vollständigen Buchstaben, das Verhältnis seiner Teile unter einander beschreiben lässt. Es war diese Methode „der erste Schritt aus der dunklen und dumpfen Luft des Mechanismus in die helle und reine eines rationellen Schreibunterrichts". War doch das ganze Mittelalter hindurch die Schreibkunst, deren erste Lehrer bekanntlich die Mönche waren, von rationeller

---

[168]) Raumer a. a. O. III, 384 f.
[169]) Gräfe a. a. O. III, 313 f.

Methodik weit entfernt. Die Bemühungen einzelner Schreibmeister im 15. Jahrhundert, in den Schreibunterricht einige Methode zu bringen, waren für die Zukunft erfolglos gewesen. Die Schüler erhielten Vorschriften auf Streifen Papier zum Nachmalen in der Schule oder zu hause, schrieben solche auch wohl in die Hefte oder an die Wandtafel. Von einem Zerlegen der Buchstaben in ihre Grundzüge und einem Einüben war nicht die Rede. Diese Schreiblehrmethode, die alte mechanische Methode genannt, war selbst bis in die neuere Zeit noch hier und da in Schulen vertreten gewesen. Der Vater der genetischen Methode ist der berühmte Maler Albrecht Dürer zu Nürnberg; in seiner „Vnderweysung der messung mit dem Zirkel und dem richtscheyt" (Nürnberg 1538) zeigt er, wie die römische Antiqua und die deutsche Fraktur nach geometrischen Proportionen zu entwerfen sei. Diese genetische Schreiblehrmethode fand später durch Stephani (1761—1850) weitere Ausbildung in seiner Schrift: „Ausführliche Beschreibung der genetischen Schreibmethode für Volksschulen" (Erlangen 1815) und hat in neuerer Zeit ihrer Vortrefflichkeit halber viele Anhänger gefunden.[170])

Beim Schreibenlernen ist nach dem Schulmethodus auf richtige Aussprache der Buchstaben, auf Silbenteilung und auf Orthographie zu achten. Als Vorschriften sind auch leichte Kupferschriften zu gebrauchen, schliesslich sollen die bekanntesten Sprüche aus dem Lesebüchlein abgeschrieben werden.

Dasselbe Verfahren ist in der oberen Klasse fortzusetzen, sodann aber werden die Schreibübungen „also fortgetrieben, dass die Marterien darzu fürnehmlich aus dem Christlichen Unterricht von etlichen notwendigen Lehrpunkten oder der Katechismus-Uebung und gedruckten Sterb-Kunst von einem Stück zum andern genommen, wie nicht weniger etliche gewisse und zwar absonderlich, die in der also genannten Lesens-Uebung begrieffene Gebetlein gebraucht werden". Wenn es die Zeit gestattet, sollte auch einiges von den weltlichen Wissenschaften und alle Hausregeln abgeschrieben werden, sodann aus der „Politica" etliche (27) Paragraphen, aus den Fürstlichen Ordnungen

---

[170]) Kehr, Gesch. d. Meth. II, 23 ff.

z. B. dem „Fürstl. Ausschreiben wider das Vollsaufen Anno 1655" oder aus dem Mandat, welches dem „Fürstl. Ausschreiben von Entheiligung des Sabbaths von Anno 1643" vorangesetzt ist, „samt dem Extract" aus der Kirchen-Ordnung, aus der Hochzeits-, Kindtaufs-, Begräbnis-, Feuer- und Landes-Ordnung; in den Städten aus den Punkten für die Räte, auf den Dörfern aus der Instruktion für die Schultheissen. Nach und nach sind den Kindern die genannten Materien zur Übung im Schreiben nach hause aufzugeben, wobei dann die zum Schreiben verordnete Schulstunde zur Korrektur benutzt wird. Und damit der Lehrer sich überzeuge, ob die Kinder auch ohne Vorschriften orthographisch schreiben können, lasse er sie das Auswendiggelernte, wie den Katechismus, die Sprüche und Psalmen „aus den Köpfen" hinschreiben, oder er möge es ihnen vorsagen, oder von den besten Schülern einen nach dem anderen den übrigen diktieren lassen und dabei auf die Interpunktionen aufmerksam machen. Diejenigen, welche in der Orthographie noch Fehler begehen, haben sich auch weiterhin nach Vorschriften zu üben. Nötigenfalls hat der Lehrer inbetreff der Orthographie den Pfarrer zu fragen, oder sich nach der Schreibweise des Lesebüchleins und besonders der deutschen Bibel zu richten.

Der Gesangunterricht, der schon vor der Reformation neben dem Sprachunterricht ein Hauptlehrgegenstand in lateinischen und deutschen Schulen war und lediglich nur aus dem Grunde gepflegt wurde, um einen Gesangchor für den Gottesdienst zu unterhalten, behielt diesen Zweck auch nach der Reformation bei. Das beweisen die diesbezüglichen Bestimmungen der Schulordnungen beziehungsweise Kirchenordnungen des 16. Jahrhunderts. So verordnet z. B. die von Bugenhagen (1485—1558) im Jahre 1531 verfasste „Braunschweig-Wolfenbüttelsche Kirchenordnung" die „Pflege des kirchlichen Gesanges und Einrichtung von Singchören für den Dienst der Kirche"; ähnliche Bestimmungen enthalten die Württembergische (1559), die Kursächsische (1580), die Strassburger (1598) und andere Kirchen- und Schulordnungen. Von einer methodischen Behandlung des Liedes war wohl nirgends die Rede. Auch in dem von Calvisius im Jahre 1594 herausgegebenen ersten Schulgesangbuch in lateinischer und deutscher

Sprache waltet nur die Rücksicht auf den Gesang ob. Der erste, welcher das Kirchenlied um seiner selbst willen für die Schule beanspruchte, war Comenius; er verlangte für die deutsche Schule ausser dem Singen der gebräuchlichsten Melodien auch das Auswendiglernen der meisten Psalmen und Kirchenlieder, wie sie an einem Orte in Gebrauch sind. (Volkslieder, Kunstgesänge und geistliche Lieder.)[171]) Auch der Schulmethodus Herzog Ernst's ordnet an, dass die Kinder angehalten werden sollen, „aus dem Gesangbüchlein einen Gesang nach dem andern zu lernen." Immerhin dürfte aus der schon mit anderen Worten erwähnten Stelle (in cap. VI „Von der Art und Weise, den Verstand des Catechismi zu treiben"): „Worbey denn auch nach jetzt erwehnter Anweisung (nämlich ‚den Verstand des Catechismus zu treiben') die gelernten Sprüche, Psalmen und dergleichen, nützlich angenommen werden können" die Vermutung zu ziehen sein, dass auch die memorierten Lieder hin und wieder in den obersten Klassen zur Erklärung und Nutzanwendung der christlichen Lehre gedient haben, und eine ausschliesslich gedächtnismässige Einprägung derselben (der Lieder) nicht stattgefunden haben wird. Derjenige, welcher zuerst ausdrücklich eine verstandesmässige katechetische Behandlung des Liedes forderte, war Aug. Herm. Francke.

4. **Realien und Messkunst.** Der Unterricht in den Realien[172]) war das ganze Mittelalter hindurch bis zum Zeitalter der grossen Entdeckungen in sklavischer Abhängigkeit von den Alten erteilt worden. So Physik, Naturgeschichte und Anthropologie nach Aristoteles (384—322 v. Chr.), z. t. auch nach Galenus († um 200 n. Chr.) und Plato (427—348 v. Chr.), Botanik nach Theophrast († um 300 v. Chr.), Astronomie nach Aratus (um 270 v. Chr.) und Plinius (23—79 n. Chr.), Geschichte nach Tacitus († nach 117 nach Chr.), Geographie nach Plinius (aus dessen „Historia Naturalis" (37. B.) Bd. II—V, welche jedoch sehr selten

---

[171]) Kehr, Gesch. d. Meth. I, 114 ff u. II, 224 f; Vormbaum a. a. O. I. 161, 294, 400; Com. Did. M. c. 29; bei Leutbecher S. 131.

[172]) Kehr, Gesch. d. Meth. I, 123 ff; I, 211 ff; I, 256 ff; Raumer a. a. O. I 211 ff; Schmidt a. a. O. III, 93 f u. 244 ff.

vorhanden gewesen sein soll, wie sich aus den Bücherverzeichnissen
der alten Klosterbibliotheken ergiebt). Infolge des Aufblühens
der klassischen Studien im 14. Jahrhundert wurden auch die
naturwissenschaftlichen Werke der Alten häufiger gelesen, und
die Humanisten selbst gaben dazu Anregung. Immerhin aber
machte sich neben dem naturwissenschaftlichen Interesse das
Interesse für die sprachliche Form geltend, und Naturkunde sollte
aus den klassischen Schriften entnommen werden, „um" wie Agricola
sagt, „aus ihnen zugleich Kunst der Rede zu erlernen."[173]) Dasselbe
gilt von den aus Aristoteles zusammengestellten, in den alt-
klassischen Sprachen von Melanchthon und Neander abgefassten
Lehrbüchern für Physik und Naturgeschichte. Kein Wunder daher,
wenn die Realien trotz ihrer Hochschätzung von seiten der Reformatoren[174]) in die Volksschule keinen Eingang finden konnten.
Allerdings zeigen Neanders geographische Lehrbücher bereits das
Bestreben, die sklavischen Fesseln der Alten zu durchbrechen
und enthalten Thatsachen des neueren fortschreitenden Völker-
lebens. Den Mangel an litterarischem Material hat Neander durch
eigene Erfahrung zu ersetzen gesucht.

Der verbale Realismus und die sklavische Abhängigkeit
von den Alten, namentlich von Aristoteles, waren die beiden
Krebsübel, welche im Zeitalter der abstrakt theologischen und
philologischen Erziehungsperiode ein gedeihliches Aufkommen
der realistischen Lehrfächer verhinderten. Worte nichts als
Worte waren in dieser Periode die Objecte des Unterrichts;
Sachkenntnisse wurden vernachlässigt. Man beobachtete nicht
die Naturerscheinungen selbst, sondern legte Gewicht darauf,
was Aristoteles gesagt hatte. Man lehrte und lernte auf diese
Autorität hin Sternkunde ohne Sternwarte, Anatomie ohne Zergliederung des menschlichen Körpers, Physik ohne Experimente,
Botanik ohne Pflanzen u. s. f.; alles aus Büchern, ohne reale
Anschauung. Neben diesem Autoritätsglauben machte sich ein
alberner Aberglaube geltend; Astrologie und Alchemie fanden
allgemeinen Beifall. Erst mit Anfang des 17. Jahrhunderts bricht

---

[173]) Raumer a. a. O. I, 84.
[174]) Raumer a. a. O. I, 173 u. 362 f.

ein neuer Geistermorgen an auf dem Gebiete der Naturwissenschaften und der Realien überhaupt. Auf der Erde werden neue Welten, am Himmel neue Weltkörper entdeckt. Galilei († 1642) wird der Begründer unserer Experimentalphysik; sein Widerspruch gegen Aristoteles zieht ihm viel Verfolgungen zu. Kepler († 1630) findet auf induktivem Wege, dass die Bahnen der Planeten Ellipsen sind, und giebt den höchsten Beweis für das heliocentrische System des Kopernikus († 1543).

Franz Baco von Verulam (1561—1626)[175]) endlich wurde der Begründer der modernen Naturwissenschaft, der Vertreter des realen Realismus. Baco behauptet, dass bisher in der Philosophie Grundsätze geherrscht hätten, welche der Verstand nur aus sich selbst nahm, ohne Rücksicht auf die wirkliche Natur der Dinge anticipierte; er nennt diese Herrschaft der Grundsätze die „Methode der Anticipationen". Jetzt sollten Aufgaben herrschen, die aus dem Zustande der Welt geschöpft sind, die das Vertsändnis der Natur und die Auslegung ihrer Werke zum Ziel hätten, es sollte die Zeit der „Methode der Interpretationen" anbrechen. Es sind dies die beiden Lehrmethoden, welche Baco schon in der Vorrede zum „Novum Organum" unterscheidet: „altera ratio, sive via, Anticipatio Mentis, altera, Interpretatio Naturae, a nobis appellari consuevit". Die erste hat die gefundenen Wahrheiten systematisch zu ordnen und darzustellen, die andere dient zur Förderung der Wahrheiten selbst; die letztere schafft den wissenschaftlichen Stoff, die erstere verarbeitet ihn.[176]) Die Bearbeiter der Philosophie, sagt Baco, seien bisher entweder Empiriker oder Dogmatiker gewesen: „Empirici formicae more congerunt tantum et utuntur, Rationales, arenearum more, telas ex se conficiunt: Apis vero ratio media est, quae materiam ex floribus horti et agri elicit, sed tamen eam propria facultate vertit et digerit.[177]) Neque absimile Philosophiae verum opificium est, quod nec Mentis viribus tantum aut praecipue nititur, neque

---

[175]) Vgl. Kuno Fischer, „Francis Bacon und seine Nachfolger" (Leipzig 1875).
[176]) Franc. Baconis De Verulamio Novum Organum scieutiarum. Lugd. Batav. 1650. S. 26; vgl. auch Fischer a. a. O. S. 138 f.
[177]) Dasselbe Gleichnis findet sich bei Petrarca (1304—74), Erasmus (1467—1536) und Monteigne (1533—92); vgl. Raumer a. a. O. I, 23; 106; 392.

ex Historia Naturali et Mechanicis Experimentis praebitam materiam, in Memoria integram, sed in Intellectu mutatam et subactum, reponit. Itaque ex harum facultatum (Experimentalis scilicet, et Rationalis) arctiore et sanctiore foedere (quod adhuc factum non est bene sperandum est."[178])

Wissen ist Macht, sagt Baco; man kann die Dinge nicht beherrschen, ohne sie zu kennen; wir lernen die Dinge kennen durch einen regen Verkehr mit diesen; dieser Verkehr ist die Erfahrung, die alle Äusserungen der Dinge mit unbefangenem und offenem Sinne beobachtet; durch die Erfahrung kommt man auf induktivem Wege zur Kenntnis der Naturgesetze, durch letztere zur Erfindung. Die Erfindung ist Zweck der Erfahrung, oder auch die Erfahrung ist Mittel zur Erfindung. So wurde Baco der eigentliche Begründer der induktiven Methode und des Experimentierens, der Philosoph der Erfindung.[179])

Daher steht auch Baco im grössten Contrast zu den alten Philosophen wie Aristoteles, Plato u. a. Er sagt: „Naturalis Philosophia adhuc syncera non invenitur, sed infecta et corrupta: in Aristotelis schola, per Logicam, in Platonis schola, per Theologiam naturalem". Aristoteles setze an Stelle der wirklichen Welt logische Schemen (Kategorien), Plato Phantasiebilder und dichterische Anschauungen, beide Idole u. s. f.[180])

Das von Baco aufgestellte Princip der Erfahrung, des Experimentierens und der Anschauung wurde von Ratichius und Comenius als Grundprincip ihrer Unterrichtsmethode aufgenommen. Ratichius sagt, indem er hauptsächlich die Autorität des Aristoteles zu erschüttern sucht: „Non igitur auctoritas destituta rationibus valeat, neque vetustas quicquam praescribat". Er setzte sogar vor seine Lehrbücher das Motto: „Vetustas cessit, ratio vicit". Ferner wiederholt er jenen bekannten Satz Bacos: „Per in-

---

[178]) Fr. Baco a. a. O. S. 104. Diese Definition Bacos hatte den Weg vorgezeichnet, auf dem das Zustandekommen unserer Erkenntnis überhaupt zu denken ist, den philosophischen Standpunkt, von dem aus später Kant die Untersuchung des menschlichen Erkenntnisvermögens unternahm.
[179]) Fischer a. a. O. S. 176—210.
[180]) Baco a. a. O. S. 105 u. a.; Fischer a. a. O. S. 248 ff.

ductionem et experimentum omnia"; oder auch: „Ne modus rei ante rem".[181])

Ebenso verwirft Comenius den Aristoteles als Meister in der Philosophie. Er behauptet: „Doctrinae initium fiat non a verbali rerum enarratione, sed a reali inspectione. Et tunc demum, re exhibita, accedat sermo rem uberius explicans". An anderer Stelle lobt er Bacos: „artificcosam inductionem, quae revera in naturae abdita penetrandi reclusa via est". Wort- und Sachkenntnis müssen Hand in Hand gehen:[182]) „Rerum enim et verborum paralella cognitio profundum illud Methodi mysterium". Die Erregung und Erhaltung der Wissbegierde, sagt Comenius, geht von der Schule aus, wenn sie ein freundlicher Aufenthaltsort ist, allerlei nützliche Geräte enthält, Gemälde, Karten, Modelle und Sammlungen (Orbis pictus). „Keine Regeln ohne Beispiele". Comenius giebt der synthetischen Methode den Vorzug vor der analytischen.[183])

Dieses Princip der Anschauung, der beobachtenden Empirie wurde von grösstem Einflusse auf die Unterrichtsmethode der Volksschule im Lande Gotha unter Herzog Ernst dem Frommen. Wenn nun Pestalozzi (1746—1827) sagt: „Ich habe den höchsten, obersten Grundsatz des Unterrichts in der Anerkennung der Anschauung als des absoluten Fundamentes aller Erkenntnis festgesetzt", so hatte 150 Jahre früher Herzog Ernst die Wahrheit desselben Grundsatzes vertreten,[184]) indem er, um dem Volksschulunterricht eine feste Basis zu geben, verordnete: „Alles was man zeigen kann, soll den Kindern gezeigt werden". „Was auff dem Augenschein bestehet, soll sobald bey vorhabender materia, wo man es gegenwärtig haben kan, den Kindern gezeiget werden, als was Gold, Silber, Kupffer etc." Die Zeichen der Planeten hat der Lehrer in dem Kalender, welcher stets in der Schule aufgehängt sein soll, den Kindern zu zeigen, „und zwar mit umgewechselten Fragen, als was bedeut diss Zeichen ⊙,

---

[181]) Raumer a. a. O. II, 41 u. 43; Schmidt a. a. O. III, 337.
[182]) Diesen Gedanken sprach auch Luther aus, vgl. Raumer a. a. O. I, 171.
[183]) Leutbecher (Com. Did. m. 17, 2; 18, 5; 20) S. 75; 84 f u. 99 ff; Raumer a. a. O. II, 67 ff; 72; Schmidt a. a. O. III, 379 u. 383.
[184]) Vgl. Schulmeth. von 1672 cap. VIII.

welches ist das Zeichen der Sonnen, und so fort". Mit Bäumen, Tieren, die man nicht bei der Hand haben kann, soll der Lehrer die Kinder bei Gelegenheit bekannt machen. Alles zum Anschauungsunterrichte Erforderliche ist nach und nach anzuschaffen (und soll „darbey allenfalls des Geistlichen Untergerichts-Handbietung imploriret" werden) und als Inventarium in der Schule zu lassen. Die Länge einer Stunde soll der Lehrer an einer Sand- oder Sonnenuhr veranschaulichen. Bei der Besprechung von Blitz und Donner möge er den Vergleich mit einem Büchsenschuss machen, bei dem man das Feuer eher sieht, den Knall aber erst später hört. In der Tierkunde müssen möglichst viel Exemplare den Kindern vor Augen geführt werden. Wenn ein Tier getötet oder geschlachtet wird, soll der Lehrer die Gelegenheit wahrnehmen, die Kinder dahin zu führen und ihnen die einzelnen Teile des betreffenden Tierleibes, wie er sie in der Schule bereits besprochen, zeigen. Was die Botanik anlangt, so mögen den Kindern die hauptsächlichsten Bäume und Pflanzen in Gärten gezeigt werden; es ist Aufgabe des Lehrers sich ein Herbarium herzustellen, damit nötigenfalls aus diesem die Kinder gewisse Pflanzen kennen lernen.

In der Messkunst hat der Lehrer den Zoll nicht blos „vorzusagen", sondern auch zu zeigen. Winkel, Kreise und andere Figuren müssen an die Tafel gezeichnet werden. Durch Rescript vom 14. Februar 1656 verordnete der Herzog, dass die Schulen die nötigen Lineale, Zirkel, Bleiwagen, Gewichte etc. haben sollten. Er selbst beschenkte die Schulen mit Veranschaulichungsmitteln jeglicher Art, wie Sanduhren, Magneten u. dgl. m.; ja sogar Edelsteine schenkte er der Schule zu Molschleben als Inventarium.[185]) Wir finden im Schulmethodus die ersten Anfänge eines physikalischen Experimentierens in der Volksschule; die Lehrer werden aufgefordert mit den physikalischen Apparaten (vgl. oben!) Versuche anzustellen; sie sollen z. B. die Bleiwage auf den Tisch und auf den Boden der Schulstube setzen, um zu zeigen, ob diese wagerecht sind oder nicht, desgleichen zu

---

[185]) Brückner a. a. O. III, 8, 81; Gelbke, Kirch.- u. Schul.-Verf. I, 54; Beck a. a. O I, 512.

ebendemselben Zwecke an Wände und Fenster halten und auch
die Kinder damit Versuche machen lassen. In gleicher Weise
hat der Lehrer Figuren und Körper von verschiedener Grösse
mit dem Massstab vor den Augen der Kinder auszumessen und
zu berechnen und nach geschehener Anleitung die Kinder zu
veranlassen es selbst zu thun. So soll überhaupt allem Unterricht das Princip der Anschauung zu Grunde gelegt werden.
Daneben aber findet in genannten Vorschriften die Selbstthätigkeit der Schüler Betonung. Diese verdankt ihren Charakter
als Unterrichtsprinzip zum grössten Teil den gewaltigen Umwälzungen, welche die beobachtende und experimentierende
Empirie auf dem Gebiete der Wissenschaft und des Kulturlebens hervorgebracht hatte. Diese hatte, indem sie die Losreissung des Individuums von Autoritäten und falschen Vorurteilen („Idolen") forderte und das Selbstdenken, die Selbstthätigkeit des Geistes in Anspruch nahm, den Beweis erbracht,
dass letztere allein bestimmende Faktoren für den wissenschaftlichen und culturvollen Fortschritt der Menschheit sind. Und
wenn in neuerer Zeit Pestalozzi und nach ihm Diesterweg
(1790—1866) das Prinzip der Selbstthätigkeit im Unterrichte
zur Geltung zu bringen suchten und somit an das Selbständigkeitsgefühl des Individuums hinsichtlich seiner geistigen Vervollkommnung appellierten, so war dieser Forderung schon im
Schulmethodus Herzog Ernst's Ausdruck verliehen worden.

Der Geschichtsunterricht findet im Schulmethodus keine
Berücksichtigung. Blieb doch das ganze Mittelalter hindurch
das Studium der Geschichte auch den Kloster- und Domschulen
fern und wurde nur privatim betrieben.[186]) Es erstreckte sich,
abgesehen von den encyklopädischen Werken eines Isidors von
Sevilla († 636) und Vincenz von Beauvais († 1264) zumeist auf
orientalische, griechische und römische Geschichte, daneben auch
auf Kaiser- und Stadtchroniken. Erst die Humanisten gaben
Anregung zur Beschäftigung mit deutscher Geschichte, und der
Schlettstädter Humanist Jakob Wimpheling (1450—1528) ver-

---

[186]) Kehr, Gesch. d. Meth. I, 169 f.

fasste das erste Lehrbuch der deutschen Geschichte.[187]) Sodann waren es namentlich die Reformatoren, Luther und Melanchthon, welche zum Studium der Geschichte, die Beispiele für das ganze Gebiet der Ethik biete, aufforderten; doch empfahl letzterer dasselbe erst den Studierenden der Universität als Vorstudium. Der erste Lehrer, welcher die Geschichte in seine Schule einführte, war der Rector Heinrich Theodor in Sorau (1530—43), auch Neander, Rektor in Ilfeld (1550—95 vgl. oben!), nahm das Geschichtsstudium in den Lehrplan seiner Schule auf und verfasste hierfür ein besonderes Lehrbuch. Im allgemeinen wurde im 16. Jahrhundert der Geschichtsunterricht erst der Universität zugewiesen. Das am meisten gebrauchte Lehrbuch für Geschichte im 16. und 17. Jahrhundert, welches sogar Universitätsvorlesungen zu Grunde gelegt wurde, war Sleidans Buch: „Über die vier Weltmonarchien.[188])

Wenn im 17. Jahrhundert die Lektionspläne der Gymnasien (z. B. in der Braunschweigisch-Wolffenbüttelschen Schulordnung vom Jahre 1651, in der Hessischen vom Jahre 1656, in der des Gymnasiums zu Güstrow vom Jahre 1662, wo sogar Provinzialgeschichte [Micraelius], in der des Gymnasiums zu Bayreuth vom Jahre 1664, wo namentlich die „Historia rerum germanicarum" gefordert wird)[189]) öfters besondere Stunden für den Geschichtsunterricht ansetzen, so lässt sich dieser Umstand auf den Einfluss der Schriften des Comenius in diesem Jahrhundert zurückführen. Comenius trifft die Anordnung des geschichtlichen Unterrichtsstoffes für seine schola pansophica und schola latina (worin er auch namentlich den Unterricht in der vaterländischen Geschichte

---

[187]) „Epitome rerum germanicarum ad nostra usque tempora". Argentor. 1505. Abgedruckt in „Schadii verum germanicarum scriptores. Giessae 1673; vgl. Raumer a. a. O. I, 113 f.

[188]) Raumer a. a. O. I, 173 f u. 206 f; Kehr, Gesch. d. Meth. I, 169 ff; Neanders „Epitome Chronicorum, quae res gestas praecipuarum in orbe gentium a rebus humanis conditis ad hanc usque nostram aetatem etc." (Eisl. 1582). Dieses Buch bietet auf 40 Seiten einen Überblick der Weltgeschichte von Adam bis zum Jahre 1575. Sleidans „De quatuor summis imperiis" (Strassb. 1556), worin die Geschichte nach den 4 Weltreichen (babyl., pers., maced. u. röm.) geschieden wird.

[189]) Vormbaum a. a. O. II, 421; 455; 594; 630.

betont) nach pädagogischen Grundsätzen und macht dabei das Prinzip der naturgemässen Unterrichtsmethode geltend. Für die Muttersprach- oder Volksschule fordert er: „Auch sollen die Schüler die allgemeine Geschichte der Welt, nach ihrer Erschaffung, Verderbnis, Wiederherstellung und der Regierung durch die Weisheit Gottes bis auf diesen Tag kennen lernen." (Did. m. c. 27.) Doch blieb es bei der Forderung. Dass Herzog Ernst für das gothaer Gymnasium das „Compendium historiae ecclesiasticae" unter der Leitung Ludwigs von Seckendorf abfassen liess, ist bereits erwähnt.

Wenn Kellner in seiner Erziehungsgeschichte sagt: „daraus, dass der Methodus auf die leibliche Erziehung wenig, auf gymnastische Übungen gar kein Gewicht legt und sogar das Baden verbietet, wollen wir ihm keinen Vorwurf machen. Er fasste das Volk ins Auge und glaubte, dass diesem und dessen Jugend es nicht an Leibesübungen d. h. an körperlicher Arbeit fehle, und dass die Schule daher keine Surrogate für solche zu schaffen habe",[190]) so ist diese Ansicht nicht stichhaltig, da Herzog Ernst auch in den Lehrplan für die höhere Schule (das Gymnasium) keine körperlichen Übungen, kein Turnen aufnehmen liess,[191]) trotzdem dass Comenius den Grundsatz vertreten hatte, dass man Spiele und Turnen der Kinder, als Laufen, Springen, Ringen, Ballspiel u. dgl. m. fördern müsse. Gleich Trotzendorf, der nicht auf Leibesübungen der Kinder drang, wenn er auch sie gestattete und ihnen mit Interesse zusah, verbot also der Schulmethodus Herzog Ernst's „das kalte Baden und Schwimmen in fliessenden Wassern oder Teichen, welches nicht allein der Gesundheit schädlich, sondern auch offtmalls Lebens-Gefahr nach sich ziehet". Lag es doch überhaupt im damaligen Zeitgeiste begründet, die Pflege des Körpers zu vernachlässigen, und bekanntermassen waren, abgesehen von Männern, welche, wie Montaigne (1533 — 92), Locke (1632 — 1704) und Rousseau (1712—1778), die Ausbildung des Geistes nur im Verein mit

---

[190]) L. Kellner, Erziehungsgeschichte in Skizzen und Bildern. (Essen 1880) I, 389.
[191]) Schulze a. a. O. S. 132 ff.

derjenigen des Körpers forderten, die Philantropisten diejenigen, welche zuerst das Prinzip der leiblichen Pflege, der körperlichen Übung und Abhärtung praktisch durchgeführt haben. Guts-Muths (1759—1839), der letzte der Philanthropisten, Lehrer in Salzmanns (1744—1811) Institut, führte das Turnen in die deutsche Schule ein und wurde der „Vater des Schulturnens". Seine Schriften: „Gymnastik für die Jugend" (1793) und „Spiele zur Übung und Erholung des Körpers und des Geistes" (1796) haben einer späteren Zeit lange vorgearbeitet.[192])

Ausser den bereits besprochenen Unterrichtsgrundsätzen der Anschauung und der Selbstthätigkeit der Schüler werden noch andere zumeist bezüglich sämtlicher Lehrfächer der Volksschule im Schulmethodus zum Ausdruck gebracht, die teils auf Ratichius, grösstenteils auf Comenius zurückzuführen sind. So finden wir den Grundsatz, dass der Unterricht naturgemäss sein müsse, d. h. dass er zunächst auf die Fassungskraft und die Fähigkeiten der Kinder im allgemeinen Rücksicht zu nehmen habe, geltend gemacht. Der Lehrstoff ist dem Bildungsgrade der Kinder auf den einzelnen Klassenstufen entsprechend verteilt, und die Hauptziele der drei Klassen sind scharf präcisiert. Allerdings ist einzuräumen, dass die Anforderungen in der Religionswissenschaft zu hoch gestellte sind, der religiöse Memorierstoff allzu gehäuft ist.

Doch nicht nur den Fähigkeiten der Kinder im allgemeinen, sondern auch denen des einzelnen Kindes sollte der Unterricht, um naturgemäss zu sein, angepasst werden. Schon im ersten Capitel des Schulmethodus heisst es, dass diejenigen Kinder, welche entweder vor dem fünften Jahre in die Schule eintreten, oder welche durch Krankheit und andere unvermeidliche Zufälle gehindert werden, mit den übrigen das Lernen zu beginnen und Fortschritte zu machen, zunächst nur zum Stillsitzen und zur Aufmerksamkeit anzuhalten sind und durch Privatunterricht das Versäumte nachholen mögen. Ferner lautet die Forderung: „Solche Gleichheit (nämlich der Lektionen) beständig zu halten, sollen die, welche im Lernen besser fortkommen können, nicht absonderlich informiret, und in den vorgeschriebenen Materien weiter

---

[192]) Raumer a. a. O. III, 398 ff; Kehr, Gesch. d. Meth. III, 161 ff.

fortgeführet, sondern auff den grössten Hauffen gesehen, und den Langsamen oder durch einen Zufall versäumten nach Möglichkeit nachzuhelffen nicht unterlassen werden etc."

Das Prinzip des naturgemässen Unterrichts, dass im Unterricht zunächst „alles nach Ordnung und Lauf der Natur" geschehen müsse, findet bei Ratichius wie bei Comenius besondere Hervorhebung.[193] Sodann aber, sagt Ratichius, beachte der Lehrer beim Unterrichte die Geister, welche er sorgfältig unterscheiden muss. Er berücksichtige beim Belohnen wie beim Bestrafen die Gemütsart der Kinder. Die Fleissigen ermuntere er mit Lob und Prämien. Von den Nachlässigen bestrafe er die Zartfühlenden durch Tadel und Ironie, die Hartnäckigen durch Drohungen und Schreckmittel, wie sie in gewissen Schulen gebräuchlich sind.[194] Nach Comenius muss die Methode des Unterrichts den verschiedenen Anlagen der einzelnen Zöglinge Rechnung tragen, sie muss individuell sein. Die Scharfsinnigen und die Stumpfsinnigen, die Lernbegierigen und die Trägen, die Willigen und die Trotzigen muss der Lehrer je nach ihren Eigentümlichkeiten zu behandeln wissen.[195]

Ferner ist im Schulmethodus auf die Erteilung eines verstandesmässigen Unterrichts und somit auch auf die Bildung der Verstandesthätigkeit der Kinder Rücksicht genommen. Wie bereits erwähnt, hatte der Lehrer den Kindern der oberen Klassen namentlich bei ihrer Vorbereitung auf das heilige Abendmahl, den Katechismus zum vollen Verständnis zu bringen; deshalb wurden auch die Katechismusübungen zugleich zu Verstandesübungen. Dasselbe galt einerseits von denjenigen Unterrichtsfächern, welche, wie die Realien, grösstenteils auf dem Wege der Anschauung den Kindern beizubringen waren, andererseits aber von denen, deren Erfassen ein intensives Denken nötig machte; zu letzteren gehörte neben Religion die Messkunst an erster Stelle. Ist doch gerade die Mathematik das beste Mittel,

---

[193] Raumer a. a. O. II, 36 u. 58; Schmidt a. a. O. III, 336 u. 375.
[194] Chr. G. Schumann, Lehrbuch der Pädagogik (Hannover 1877) S. 190. Inhaltsangabe von Ratichius' „Methodus linguarum".
[195] Leutbecher (Com. Dit. M. 12, 18 ff) S. 55; Schmidt a. a. O. III, 373 f.

die Kraft innerer Anschauung zu üben und das logische Denken zu fördern, da sie klare und deutliche Begriffe, richtige Urteile und scharfe Schlüsse fordert. In gleicher Weise wurde durch Auswendiglernen, namentlich durch die Menge des religiösen Memorierstoffes die Gedächtniskraft geübt und gestärkt.

Den Grundsatz des verstandesmässigen Unterrichts finden wir bereits ausdrücklich bei Ratichius und Comenius ausgesprochen. Nach Ratichius soll der Verstand das Gedächtnis ersetzen, das Gedächtnis nimmt dem Verstande gegenüber eine subordinierte Stellung ein. „Nichts soll auswendig gelernt werden"; memoria enim veram objecti intelligentiam e vestigio sequitur." Die „localis memoria" ist ganz verboten. Es dürfen dem Schüler keine Regeln vorgeschrieben, viel weniger zum Auswendiglernen aufgedrungen werden, er habe denn zuvor die Sache (vgl. oben: „ne modus rei ante rem") oder Sprache selbst aus einem bewährten Autor ziemlichermassen erlernt und begriffen.[196]) Comenius fordert, dass man dem Gedächtnis der Jugend nur das bieten solle, was verstanden ist. Und zwar: „Quae quis intelligere docetur, doceatur simul Eloqui et Operari, seu transferre ad usum"; daher seine Forderung: „Omnia doceantur per causas; scire est rem per causas tenere."[197])

Damit nun aber das der Volksschule gesteckte Ziel sicher erreicht werde, wird im Schulmethodus ein stufenweises und lückenloses Vorgehen, eine dauerhafte Unterweisung und Übung verlangt. Der Lehrer soll bei Durchnahme der einzelnen Lektionen nicht eilen und erst, wenn die vorhergehenden von allen Schülern zur Genüge erfasst sind, zur folgenden übergehen. Erst wenn das Pensum des Schuljahres genau durchgenommen, kann mit den Lektionen der nächsten Klasse begonnen werden. So sollte durch Rescript vom 21. Januar 1656 der Unterricht von natürlichen Dingen mit denjenigen Kindern getrieben werden, welche die anderen Lektionen absolviert hatten. Später nach der endgültigen Aufnahme der Realien unter die Verordnungen des

---

[196]) Raumer a. a. O. II, 40; Schmidt a. a. O. III, 337 u. 344.
[197]) Raumer a. a. O. II, 60; Schmidt a. a. O. III, 378; ähnlich sagt Baco a. a. O. S. 145: „Vere scire, esse per causas scire".

Schulmethodus (v. J. 1672, c. VIII) sollte der Unterricht von den natürlichen und nützlichen Wissenschaften erst dann beginnen, „wenn die Kinder alle andere Lectiones, welche in den Teutschen Schulen vorgeschrieben sind, absolviret haben"; und „Wo aber nur ein Praeceptor ist und daher die Zeit und andere Lectiones nicht nachgeben, solche ordentlich zu tractiren, sollen sie unter andern zur Lesens-Uebung gebrauchet und wie oben § 6 (d. i. IV, 6) erinnert worden, aus etlichen Vorschrifften an die Tafel genommen werden" (vgl. oben!). Ferner: „Soviel die Art, die Sachen zu treiben, ingemein betrifft, soll der Praeceptor einen § nach dem andern und zwar auf einmahl, soviel als unter der dazu bestimmten Zeit mit Nutz absolviret werden kan, vornehmen, und so offt, als es nöthig ist, von den Kindern deutlich lesen lassen, zumahlen die Sachen, welche daraus insonderheit zu merken . . . . . nochmahls zu wiederholen und nachgehends solche von den Kindern durch Frage und Antwort erfordern." Hinwiederum haben Ratichius[198]) wie Comenius[199]) diesen Grundsatz des stufenweisen und lückenlosen Vorgehens beim Unterrichte und des oftmaligen Wiederholens von dem bereits durchgenommenen Lehrstoffe ausdrücklich betont.

Endlich wird im Schulmethodus jenem Satz des Seneda: „Non scholae, sed vitae est discendum" Ausdruck verliehen und der Grundsatz des praktischen Unterrichts ausgesprochen, den im Altertum schon Aristoteles betonte, und den in neuerer Zeit namentlich die Philanthropisten zur Geltung zu bringen suchten. Sagte doch auch Comenius:[200]) „Die Natur schafft nur Nützliches, wovon der Gebrauch bald offenbar wird. . . . . . . Man wird daher dem Schüler die Leichtigkeit des Lernens vermehren, wenn man ihn etwas lehrt, was er täglich gebrauchen kann. . . . . . Daher lehre man nur zu augenfälligem Nutzen." So fordert der Schulmethodus nicht blos den für jeden unentbehrlichen Unterricht in Religion, Lesen, Rechnen und in den technischen Fertig-

---

[198]) Schmidt a. a. O. III, 336 u. 344.
[199]) Schmidt a. a. O. III, 376 f u. 379; Leutbecher (Com. Did. m. 16, 6 f. u. 18, 7) S. 69 ff u. 86.
[200]) Schmidt a. a. O. III, 378; Leutbecher (Com. Did. m. 17,7) S. 80.

keiten, Schreiben und Gesang, sondern auch, was dem gemeinen
Manne im gewissen Masse ebenso sehr vonnöten ist, nämlich
die Kenntnis der Realien und der Messkunst.[201])

Was den Lektionsplan des Schulmethodus anlangt, so herrscht,
wenn auch für den Unterricht in Religion im Verhältnis zu den
übrigen Lehrgegenständen eine grössere Stundenzahl anberaumt
ist, eine für die damalige Zeit weise Verteilung der Unterrichtsfächer auf die einzelnen Stunden. Es soll ein entsprechender
Wechsel in der Thätigkeit der Schüler stattfinden, um Lange-
weile, Ermüdung und Teilnahmslosigkeit derselben zu verhüten.
Nicht wird zwei Stunden hintereinander derselbe Gegenstand zum
Unterricht angeordnet; es wechselt Religion mit Lesen, Schreiben,
Rechnen etc. in bestimmter Ordnung ab. Zweckmässig wird eine
Stunde am Sonnabend zur Erklärung der folgenden Sonntags-
epistel verwendet, worin sich auch eine gewisse Symmetrie des
Stundenplanes zu erkennen giebt. (Vgl. S. 117!)

Wie Ratichius „Gleichförmigkeit in allen Dingen, sowohl
was die Art zu lehren, als auch was die Bücher und Präcepta
betrifft,"[202]) fordert und Comenius verlangt, dass alle Disciplinen
nach einer gleichförmigen Methode und nach gleichförmigen Lehrbüchern zu lehren sind, ebenso gebot auch Herzog Ernst den
Lehrern: „diesen Methodum und vorgeschriebene Lehrart sollen
sie nicht allein fleissig lesen, sondern auch nach derselben ihre
Information in allen Puncten aufstellen und verrichten, und vor
sich nicht die geringste Aenderung in der Schule vornehmen."[203])
Der Einführung gleichförmiger Schulbücher in die gothaische

---

[201]) Eyringius a. a. O. S. 69 berichtet: „Offendes quoque passim rusticos,
qui Arithmeticae, Geometricae, Staticae, Mechanicae, quantum ad communem
vitam pertinet, scientia aliqua gaudeant. Ili omnes ac singuli ex prisca barbarie
erepti, quod bene vivant, Ernesto debent. Kein Wunder also, wenn, wie gleichfalls Eyringius (S. 69) mitteilt, das Sprüchwort sich gebildet hatte: „Thuringiae
et Franconiae rusticos Ernesto subjectos nobilibus pagorum alienae ditionis
esse doctiores".

[202]) Schmidt a. a. O. III, 337.

[203]) Leutbecher (Com. Did. m. 17, 10 u. 19, 2) S. 80 f. u. 95; Raumer a.
a. O. II, 41 u. 59; Schmidt a. a. O. III, 337; 378 u. 381.

Volksschule durch Herzog Ernst ist bereits Erwähnung gethan
worden.

VI. Schulzucht. Herzog Ernst war nicht nur darauf be-
dacht gewesen, den Geist seiner Schulkinder mit Kenntnissen zu
bereichern, vielmehr noch lag ihm die Ausbildung des Willens
und des Gemütes derselben am Herzen. Er betrachtete die
Volksschule als eine Pflanzstätte christlicher Zucht, treuer Pflichterfüllung und gesitteten Lebens. Seine feste Überzeugung war,
dass Wissen ohne Tugend wertlos sei, dass Religiosität und
Sittlichkeit im Menschen den Frieden seines Inneren bedingen,
dass Herzensfriede zugleich Weltenfriede, und nur die Genuss-
sucht und Habsucht der Grund seien, weshalb die Menschen alle
religiösen und sittlichen Fesseln sprengen und alle rechtlichen
und gesetzlichen Schranken durchbrechen wollen. Das beste Beispiel hierfür boten ihm die Schrecknisse des fürchterlich wütenden
Krieges. Zur sittlichen Hebung, besonders der Schuljugend, erliess der Herzog die eingehendsten Bestimmungen, so im Jahre
1654 die „Kurze Anleitung, wie die gemeine Schul-Jugend für-
nemblich in und ausser den gewöhnlichen Schul-Lectionibus sich
zu verhalten", worin die Pflichten der Kinder im Elternhause
(von früh bis spät) und in der Fremde angegeben werden, ferner
ebenso ausführliche religiöse und sittliche Bestimmungen im
Schulmethodus von 1672 (cap. IX bis XII). Wie schon erwähnt,
legte gerade diese Ausgabe des Schulmethodus auf eine eingehendere Besprechung der christlichen Zucht mehr Gewicht als
die vorhergehenden Ausgaben. Sie liegt daher der folgenden
Ausführung, die sich nur auf die wichtigsten diesbezüglichen
Puncte beschränken soll, zu Grunde.

Vor allem sucht der Schulmethodus den Kindern den
Grundsatz einzuschärfen, jedes Werk mit Gott zu beginnen und
mit Gott zu schliessen und die täglichen Bitt- und Dankgebete
zu verrichten. Ferner muss in der Religionsstunde den Kindern
Gottes Allgegenwart und Allwissenheit und seine Liebe zur
sündigen Menschheit zum lebendigen Bewusstsein gebracht werden.
Sie sind vor den Versuchungen des Teufels zu warnen, über den
Unterschied des Guten und Bösen, sowie über die Folgen des
Lasters zu belehren. Insbesondere müssen diejenigen, welche in

kurzem das erste Mal zum Tische des Herrn gehen, zu einer tiefen Erkenntnis ihrer Sünden, einer sorgfältigen Gewissenserforschung und einer aufrichtigen Erweckung von Reue und Leid, die mit dem festen Vorsatz der Besserung verbunden sein soll, eindringlich ermahnt werden. Sodann muss sich die Jugend der Wahrheitsliebe befleissigen und die Lüge, deren Abgewöhnung im späteren Leben nur allzu schwer wird, und die gar oft Untreue im Gefolge hat, verabscheuen. Die Kinder sollen alles was sie bedürfen, von ihren Eltern erbitten und nichts ihnen heimlich entwenden. Gefundene Sachen dürfen sie sich nicht aneignen, sondern müssen sie durch die Eltern den rechtmässigen Eigentümern zustellen lassen, um sich nicht einer Sünde wider das siebente Gebot schuldig zu machen. Eltern, Lehrern und Vorgesetzten haben die Kinder unbedingten Gehorsam zu leisten. Sie sollen ihren Eltern nach Kräften zu Diensten stehen, nicht aber die Ausführung der elterlichen Befehle anderen überlassen.

Auch auf die Pflege des ästhetischen Gefühls legt der Schulmethodus Gewicht. Jedes Kind soll seine eigenen Bücher haben, dieselben sauber und rein halten und sie nicht an ungelegene Orte hinwerfen; die Bücher seiner Mitschüler darf es nicht beschädigen. Es ist Pflicht der Kinder geistliche und weltliche Amtspersonen und ältere Leute höflich zu grüssen. Gegen ihre Mitschüler und Hausgenossen haben sie sich verträglich und sittsam zu erweisen, und falls sie etwas Anstössiges in deren Reden oder Thun bemerken, dieses den Eltern oder Lehrern mitzuteilen, damit diese den Fehler bestrafen. Anstand wird von den Kindern gefordert in der Schule, wo sie nicht Mutwillen treiben sollen, Anstand auf der Gasse, Anstand bei Tisch.

Sollen jedoch die Worte des Lehrers nicht auf unfruchtbaren Boden fallen, sollen seine Bemühungen, die Kinder zu frommen und gesitteten Menschen heranzuziehen, nicht vergebens sein, so muss er selbst ein lebendiges Beispiel gottseligen Lebens und strenger Pflichterfüllung geben. Er darf sich nicht durch äussere Beschwerlichkeiten oder den Undank der Menschen von seiner Pflichttreue abschrecken lassen, muss selbst Pünktlichkeit, Ausdauer und Geduld in seinem Berufe zeigen, ehrfurchtsvoll seinen Vorgesetzten, friedlich seinen Amtsgenossen entgegentreten, wenn er wünscht, dass seine Schüler dieselben Eigenschaften sich erwerben sollen. Vor Ausschweifungen jeglicher Art hat er sich zu hüten und ein zurückgezogenes und bescheidenes Leben zu führen, kurz er muss alles vermeiden, was den Kindern irgendwie anstössig erscheinen oder sie verderben könnte. Der Lehrer muss demnach auch in der Handhabung der Disciplin massvoll und weise verfahren. Er muss ein Vaterherz für die Kinder haben, eine aufrichtige und treue Gesinnung gegen sie hegen und ihnen allenthalben liebevoll begegnen. Denn Liebe und Treue ziehen Kinderherzen an, grobes Begegnen dagegen entfremdet sie. Mit Liebe wird der Lehrer bei weitem eher seine Absichten und Ziele erreichen.

Desgleichen sollen alle Schimpf- und Spottnamen aus der Schule verbannt werden, die das Ehr- und Selbstgefühl der Kinder verletzen und schliesslich ertöten können. Alle Parteilichkeit von seiten des Lehrers sei bei der Bestrafung ausgeschlossen. Erst nach vergeblicher Ermahnung, und wenn das Vergehen des Kindes zu gross ist, darf der Lehrer zu dessen Bestrafung schreiten, die mittelst der Rute auszuführen ist. Aller rohen Züchtigung hat er sich zu enthalten und bei groben Vergehungen nötigenfalls den Pfarrer über die Art und Weise der Strafe zu Rate zu ziehen.

Es erinnern uns diese Verordnungen, die allenthalben schon in früheren Schulordnungen Betonung finden und auch für die folgenden Zeiten ihre Geltung behalten haben, an die rohe Behandlung der Kinder seitens der Lehrer gerade in damaliger Zeit.[204]) Unaufhaltsames Prügeln, Schimpfen, Drohen, Fluchen etc. galten als die wirksamsten Mittel der Erziehung und des Unterrichts in höheren und niederen Schulen. Dass die Jugend etwas aus Interesse und Liebe arbeiten könne, fiel niemandem ein. Den Philanthropisten besonders gebührt das Verdienst, die herzlose Strenge aus dem Schulwesen verbannt und ihm einen milderen und freundlicheren Geist eingehaucht zu haben, der das Lernen erleichtert und die Schule zu einem angenehmen Aufenthaltsorte macht.

---

[204]) Heppe a. a. O. I, 37; Beck a. a. O. I, 496.

Damit nun aber nicht wieder zu hause niedergerissen werde, was der Unterricht und die Zucht in der Schule aufgebaut haben, das ist Aufgabe der Eltern. Sie haben die Bestrebungen der Schule nach Kräften zu fördern, nicht aber denselben entgegenzuarbeiten, indem sie die Kinder absichtlich von der Schule fern halten, oder gar den Lehrer beschimpfen und ihn, weil er ihre Kinder gezüchtigt, hassen. Wie der Kinder, so ist es auch ihre Pflicht, bei der Entlassung den Lehrern und Schulvorständen für den genossenen Unterricht Dank zu sagen und zu geloben, auch fernerhin ihre Kinder zu einem frommen und gesitteten Leben anzuhalten und für deren ehrliches materielles Fortkommen Sorge zu tragen.

Um das Wirken der Schule zu unterstützen und damit die Kinder an dem Treiben der Erwachsenen kein Ärgernis nähmen, erliess der Herzog unter Beihülfe seiner beiden Kanzler Franzke und Veit von Seckendorf eine Reihe von Verordnungen und Gesetzen, welche die moralische Besserung des Volkes bezweckten.[205]) Im Jahre 1643 (am 24. Mai) bestimmte er zwei Betstunden in der Woche, und jeden Freitag früh um 7 Uhr sollte eine Busspredigt gehalten werden. Zudem erliess er wiederholentlich Verordnungen, welche sich auf die Heiligung der Sonn- und Festtage bezogen und übertrug die Aufsicht über die regelmässige Ausführung dieser Bestimmungen Kirchen- und Disciplinarinspectoren.

Am 10. August 1669 erliess Herzog Ernst eine „Instruction, oder kurtze und richtige Anweisung | wie die Inspection und Aufsicht über die Christliche Disciplin und Zucht zu ihrem gesuchten Zweck gebührlich und nützlich geführet werden solle"; es heisst darin im 3. Hauptpunkte: „Die Schulen auff dem Lande | und in den Städten | wo keine besondere Schul-Inspectores sind | sollen sie (die Kirchen- und Disciplinarinspectores) öffters besuchen | und Achtung geben | wenn die Praeceptores und Schulmeister ihre Stunden unfleissig halten | und unter der Schul-Zeit andern Geschäfften nachgehen | oder sonst unzeitige Ferien machen; Wenn die Schul-Jugend | Knaben und Mägdlein | entweder hinter

---

[205]) Rudolphi a. a. O. IV, 111; Brückner a. a. O. II, 1, 1 ff; II, 5, 1 ff; II, 6, 1 ff; II, 7, 1 ff; Galbke, Kirch.- u. Schul.-Verf. I, 252 ff; Beck a. a. O. I. 390 ff.

der Schul hingehen | oder allzu langsam in die Schule kommen;
Wenn Eltern die Kinder an Besuchung der Schule hindern |
und davon abziehen; Vor der Dimission eigenthätig herausnehmen |
oder auch nach der Dimission der General- und Special-Visitatationen hinterlassener Verordnung zuwider handeln etc."[206])

Durch die „Puncta, wie es mit dem Bibellesen in der Kirche von den Pfarrern zukünftig gehalten werden solle vom 14. April 1669" wurde festgestellt, dass alle Sonn- und Festtage von den Geistlichen zwei Kapitel aus der Bibel vor dem Altar verlesen und dabei die Summarien aus Glassius' biblischem Handbüchlein benutzt werden sollten.[207])

Endlich im Jahre 1672 erfolgte ein: „Ausschreiben wider das leidige Voll- und zwingliche Zu- und Gleich-Sauffen | wie auch das ärgerliche Gotteslästern | Fluchen | Schweren und Verwünschung".[208])

Diese und noch andere hier nicht weiter zu erörternde Vorschriften erliess Herzog Ernst, wie gesagt, zur Unterstützung der Bestrebungen seiner Volksschule und zur Förderung von Zucht, Ordnung und sittlichem Leben unter seinem Volke. Durch ihn fiel gleichsam der erste Lichtstrahl geistiger Bildung und Gesittung in das Dunkel, womit der fürchterliche Krieg und seine Folgen Geist und Herz des deutschen Volkes umnachtet hatte. Leider dass er das Schulwesen in seinem Lande nicht auf die Höhe zu bringen vermochte, die es auf Grund seiner Verordnungen hätte erreichen sollen. Das Volk, anfangs mit ihm vielfach im Widerspruch und zu schnödem Undank sich versteigend, fügte sich, sobald es die Vortrefflichkeit seiner An-

---

[206]) Rudolphi a. a. O. IV, 105 ff; Beck a. a. O. I, 401 (die Zahl 1668 bei Beck ist offenbar ein Druckfehler.
[207]) Rudolphi a. a. O. I, 168; Brückner a. a. O. II, 4, 2; Gelbke, Kirch.- u. Schul.-Verf. I, 5; Beck a. a. O. I, 401.
[208]) Rudolphi a. a. O. IV, 112 ff; Gelbke, Kirch.- u. Schul.-Verf. I, 5.

ordnungen erkannt hatte.[209]) Doch waren es hauptsächlich zwei Umstände, die einem wirklichen gedeihlichen Aufkommen seiner Volksschule hindernd in den Weg traten. Zunächst war die Fülle des vorgeschriebenen Lehrstoffes eine so reiche, dass die Schulordnung in dieser Hinsicht wohl als Lehrplan für die unteren Klassen eines Gymnasiums gelten konnte, niemals aber für Dorfschulen, von denen die meisten einklassig waren. Der zweite noch schwer wiegendere Grund war, dass es an Lehrern fehlte, welche intellektuell und pädagogisch vorgebildet, die Forderungen des Methodus in der Schulpraxis hätten verwirklichen können. Es fehlte an einem Institut, um künftige Lehrer für ihren Beruf theoretisch und praktisch vorzubereiten, kurz, es fehlte an einem Lehrerseminar. Diesen Übelstand erkannte Herzog Ernst sehr wohl, und er war der erste von seinen Zeitgenossen, der den Gedanken von der Notwendigkeit eines Lehrerseminars, wenn auch erst am Ende seines Lebens, klar erfasste und ihn in seinem Testamente zur Ausführung seinen Nachkommen empfahl. Nachdem nämlich der Herzog in seinem Testamente gesagt, dass vor allen Dingen dahin zu trachten sei, die niedrigen Schulen in den Städten und auf dem Lande in ihrem „esse" zu erhalten, fährt er weiter fort: „Bisshero hat die erfahrung gezeiget, dass die Ursach dieser vor Augen stehenden Zerrüttung des Status publici ist, dass man Vnter denen im Lande erzeugten ingeniis keinen sonderbaren delectum und ausschuss gehalten . . . . und es haben desshalb unsere Erben und Land-Successores, Sonderlich von schulbedienten etc. in gut obacht zu nehmen, dass sie . . . . fleissige erkundigung einziehen, wie es mit derselben Auferzucht und Zuneigung zu den studiis bewandt sei . . . . Vnd, wenn sie wohl disponiret und vor sich

---

[209]) Wie Joh. Friedr. Mayer i. s. „Triga Dissert. Theol." S. 97 mitteilt, sagte der zur kathol. Kirche übergetretene Landgraf Ernst zu Hessen-Rheinfels in seinem Werke, betitelt: „Der wahrhaft und discret gesinnte Katholische" (1673. T. III, c. 2): „Und hat es der in vielen sehr rühmlich ob schon Lutherische Fürst | Herr Hertzog Ernst von Sachsen-Gotha | mit der unterweisung und examination des gemeinen bürgers und bauersmanns gar weit gebracht | ob er schon manchmahl ziemlichen undank darmit verdienet". Vgl. auch Beck a. a. O. I., 390 u. 526.

von ihnen Ältern keinen Vorschub und keine Mittel haben . . . .
soll man ihnen Verlag und Beyhülfe thun, damit sie vermittelst
einer gewissen Instruktion, so ihren für Zuschreiben, ihr Studia
fortsetzen, . . . auf dass man künftig in allen Aembtern zuverlässige qualificirte Persohnen habe, deren man Versicherlich in
dess Landes nutz beständig gebrauchen könne. Vnd dieweil
nicht Zu Zweifeln ist, dass off solche gemachte anstalt sich Viel
expectanten im Schul- Vnd Kirchendiensten herbey finden . . .
so wäre auch erspriesslich, dass sie inmittelst an einem gewissen
Ort vnterhalten, vnd hier dasjenige practiciren lernten wo Zu
sie inskünfftige gebraucht werden sollen. Dafern wir nun bey
unserem Leben keine solche anstalt (Lehrerbildungsanstalt)
machen, vnd einen gewissen ort und Mittel dazu deputiren
konndten, so Werden vnsere Erben und successores inskünfftige,
wenn sie durch Gottes Seegen mehr Mittel ereignen, mit der
Landschafft-Beihülfe dieses intent gebührlich zu Werk richten".[210])
Die infolge dessen von seinem ältesten Sohne Friedrich II.
(1693—1732) am 20. Oktober 1698 getroffene Verfügung, wonach
die „10 geschicklichsten Schuldiener" (aus Friemar, Eschenbergen, Ichtershausen, Wölfis, Leina, Tambach, Sättelstedt,
Erfa oder Friedrichswerth, Wangenheim und Kranichfeld) vor
sein Oberconsistorium beschieden und mit dem Auftrage betraut
wurden, „dass sie den Lehrern als Moderatores mit nötiger Anweisung an die Hand gehen und sogenannte seminaria scholastica
gründen möchten", verfehlte jedoch ihren Zweck, insofern diese
„seminaria", da es dem Herzog an Geld fehlte, bald wieder eingingen.[211]) Was die Söhne Herzog Ernst's nicht vollführt haben,
das brachte August Hermann Francke, dessen Vater, wie erwähnt, bei Herzog Ernst Hofrat gewesen war, in Halle zur
Ausführung.

---

[210]) Galbke, Herz. E. d. E. III, 61 ff., wo sich das Testament Herzog
Ernst's abgedruckt findet; vgl. auch C. Kohr's Vortrag: „Herzog Ernst der
Fromme von Sachsen-Gotha als Förderer der Volksschulen und Begründer der
Schullehrerseminare (1875).

[211]) Galbe, Kirch.- u. Schul.-Verf. I, 56 ff; vgl. auch C. Kohr's Programmarbeit im 2. Jahresberichte des Lehrerseminars zu Gotha (Gotha 1867).

Herzog Ernst's pädagogische Bestrebungen erstreckten sich nicht nur unmittelbar auf mehr als zwei Drittel aller jetzigen herzoglichen und grossherzoglichen sächsischen Länder, namentlich auf alle Bestandteile der jetzigen Herzogtümer Meiningen, Koburg-Gotha und Altenburg, sondern fanden auch mittelbar in den übrigen Teilen derselben, im Herzogtum Weimar-Eisenach Eingang.[212]) Schon im Jahre 1654 schickte Herzog Ernst dem Herzog Wilhelm von Weimar Abschriften aller von ihm hinsichtlich des Volksschulwesens erlassenen Verordnungen zu mit der Bitte, dieselben zur Herstellung „einer Conformität in Kirchen- und Schulsachen" zu berücksichtigen, und im Jahre 1664 erliess Wilhelms Sohn, der Herzog Johann Ernst II. von Weimar eine Kirchenordnung,[213]) welche das Schulwesen in derselben Weise ordnete, wie es in Gotha geschehen war. Und wie im 16. Jahrhundert die Reformation, so waren es im 17. Jahrhundert die Schulordnungen Herzog Ernst's, wodurch das höhere wie niedere Schulwesen in den sächsischen Herzogtümern ziemlich einheitlich organisiert und auf gleiche Principien erbaut wurde. Der Schulmethodus hat bis zur Mitte des 18. Jahrhunderts Geltung gehabt, und Herzog Ernst's Schulverordnungen wurden auch zum Muster für die anderer, aussersächsischer Länder. So hatten der um 1670 vom Landgraf Ludwig VI. (1661—78) von Hessen-Darmstadt erlassene „Extract der Instruction für die Präceptores und Schulmeister in kleinen Städten und Dörfern" und die am 14. August 1733 vom Landgrafen Ernst Ludwig († 1749) erlassene „Hessen-Darmstädtische Schulordnung für die deutschen Schulen im Oberfürstentum"[214]) die gothaer Schulordnungen zur Grundlage. Und wenn, wie schon angedeutet, Herzog Ernst's Schulreform auf die A. H. Franckes von Einfluss gewesen ist, — hat doch derselbe unzweifelhaft in Francke auch den Gedanken von der Notwendigkeit einer Realschule rege gemacht — so ist, wie Müller ausführt,[215]) die Ver-

---

[212]) Weidemann in K. A. Schmid's Encyklopädie des ges. Erziehungs- und Unterrichtswesens. Bd. 7 (Gotha 1869) S. 485.
[213]) Heppe a. a. O. II, 270.
[214]) Heppe a. a. O. II, 40 f. u. 45 ff.
[215]) Müller a. a. O. S. 135.

bindung hergestellt zwischen ihr und den grossen Schulordnungen der zweiten Hälfte des vorigen Jahrhunderts, dem von Franckes Schüler, Julius Hecker (1707—68), verfassten preussischen Generallandschulreglement vom 12. August 1763 und der sächsischen Schulordnung vom 17. März 1773.[216])

So nimmt denn Herzog Ernst († 26. März 1675)[217]) in der Entwickelungsgeschichte des deutschen Volksschulwesens eine bedeutsame Stellung ein; sein Name und seine Verdienste als deutscher Volksschulreformator bleiben bei der Nachwelt in gesichertem Andenken.

---

[216]) Vormbaum a. a. O. III, 539 ff u. 613 ff.
[217]) Gelbke, Herz. E. d. E. II, 145 ff.

Nach Rudolphi, Gotha Diplomatica IV, 184. **STUNDEN-TABELLA.**

Stund	Montags	Dienstags	Mittwochs	Donnerstags	Freytags	Sonnabends
	Zum Eingang wird gesungen und darauf gebetet.					
I.	Kurtze Wiederholung der Sontags-Predigt| so selbige nicht eher geschehen können. Die Helffte zum Kurtzen Begrieff und Christlichen Lehr-Puncten mit der Obere Class. Die Mittlere hören zu. Die andere Helffte lesen die in der Obern Class.		Wie Montags.	Wie Montags.	Predigt oder: Wo die Predigt nicht in die Schul-Stunde fället| wie Donnerstags.	Halb zu Sprüchen und Psalmen mit den Oberston. Halb mit den Mittlern zu ihren Sprüchen und Psalmen.
II.	Lesen die Mittlere. Schreiben die Obere.	Wie am Montage.				Evangel. und Epistel lesen beyde Obere| und wenden die übrige Zeit zu Reimgebett. und Rechnen.
III.	Halb zum Catechismo mit der Mittlern; und so derselbe durchgelernet| eine Viertel-Stunde zum Kurtzen Begrieff. Halb zu Erlernung der Wort des Catechismi mit den Untersten. Die Obere schreiben oder lernen auswendig. Zum Ausgang wird wieder gesungen und gebetet.	Halb Sprüche und Psalmen mit den Mittlern. Halb Sprüche und Psalmen mit der untersten Class.	Wie Montags.	Sprüche und Psalmen mit den Mittlern. Erlernung der wort des Catechismi mit den Untersten. Die Obere schreiben oder lernen auswendig.	Wenn nicht repetiret wird, bleiben die Donnerstag-Lectiones.	Wie Montags.
IV.	Schreiben die Mittlere nach Anleitung. Die Obere für sich.	Rechnen die Obere| die Mittlere schreiben| wenn sie können.		Eine Viertel St. zum Choralsingen| wo nicht figuriret wird| und ³ Viertel St. zum schreiben; Wo figuriret wird| gantz zum Schreiben.		
V.	Eine Viertel-Stund lesen die Mittlern. Drey Viertel-St. ABC| und Syllabiren mit den Untersten.			Wie Montags.		
VI.	ABC und Syllabiren mit den Untersten. Zum Ausgang wird gesungen und gebetet.			Wie Montags.		

Quellen.

Casp. Sagittarii Historia Gothana. Jenae 1713.
Wilh. Ern. Tenzelii Supplementa Historiae Gothanae (von 1440—1700). Jenae 1716.
Wilh. Ernst Tenzel, Monatliche Unterredungen (10 Bde., 1689—1698), Bd. 5, October 1693.
Wilh. Ernst Tenzel, Fürstlicher Sächsischer Geschichts-Calender Ernestinischer Linie. Leipzig 1697.
Fr. Rudolphi, Gotha Diplomatica, Fürstl. Sächs.-Gothaische Historienbeschreibung. 5 Thle. Frankfurt a. M. u. Leipzig 1717.
[Pfefferkorn], Merkwürdige und auserlesene Geschichte von der berühmten Landgrafschaft Thüringen in 33 Capiteln. Anno 1625.
Alte und Neue Thüringische Chronicka oder curieuse Beschreibung der vornehmsten Städte, Residentzen etc. in der Landschaft Thüringen. Frankfurt und Leipzig 1725.
Mart. Eyringius, Vita Ernesti Pii, Ducis Saxoniae. Lipsiae 1714.
Frid. Myconius, Historia Reformationis (von 1517—1542) ed. Cyprian. Gotha 1715.
[Brückner], Sammlung verschiedener Nachrichten zu einer Beschreibung des Kirchen- und Schulenstaats im Herzogthum Gotha. 3 Bde. Gotha 1753—1760.
[Chr. Stuss], Hannoverisches Magazin vom Jahre 1776: „Erneuertes Andenken der Erziehungs- und Schulanstalten Herzog Ernst's des Frommen von Gotha, und besonders der dabey angenommenen Grundsätze.

Joh. Georg Aug. Galletti, Geschichte und Beschreibung des Herzogthums Gotha. 4 Bde. Gotha 1779—1781.

Abrah. Calovius, Biblia Testamenti Veteris Illustra. Francfurt a. M. 1672.

Gottf. Olearius, Annotationes Biblicae Theoretico-Practicae. Halle 1677.

Joh. Frid. Mayer, Dissertationes Selectae Kilonienses et Hamburgenses. Francfurt a. M. 1693.

Joh. Frid. Mayer, Triga Dissertationum Theologicarum. Greifswald 1707.

Antoine Teissier, La vie d'Ernest le Pieux. Halle 1752. (Auszug aus Eyringius.)

Joh. Heinr. Gelbke, Kirchen- und Schulen-Verfassung des Herzogthums Gotha. Thle. I, II, 1 u. 2. Gotha 1790—99.

Joh. Heinr. Gelbke, Herzog Ernst der Erste. 3 Bde. Gotha 1810.

Christ. Ferd. Schulze, Geschichte des Gymnasiums zu Gotha. Gotha 1824.

Aug. Beck, Ernst der Fromme. 2 Thle. Weimar 1865.

C. Kehr, Herz. Ernst d. Fromme von Sachsen-Gotha als Förderer der Volksschulen und Begründer der Schullehrerseminare. Vortrag. 1875.

C. Kehr, Geschichte der Methodik des deutschen Volksschulunterrichts. 4 Bde. Gotha 1877.

K. A. Schmid's Encyklopädie des ges. Erziehungs- und Unterrichtswesens. Bd. 7 (Gotha 1869), Artikel: Sächs. Herzogthümer.

„Herzog Ernst's des Frommen Special vnd sonderbahrer Bericht etc., Gotha 1642." Mit kritisch-historischen und sachlichen Erläuterungen herausgegeben von Joh. Müller. Zschopau 1883.

Reinh. Vormbaum, Evangelische Schulordnungen. 3 Bde. Gütersloh 1860—1864.

A. Tholuck, Das akademische Leben des 17. Jahrhunderts. (2 Bde.) Bd. I Halle 1853.

A. Tholuck, Lebenszeugen der lutherischen Kirche. Berlin 1859.

H. Heppe, Geschichte des deutschen Volksschulwesens. 5 Bde. Gotha 1858—1860.

H. Gräfe, Deutsche Volksschule, oder die Bürger- und Landschule nach der Gesammtheit ihrer Verhältnisse. Neu bearb. von Chr. Gottl. Schumann. 3 Bde. Jena 1878—1879.

K. v. Raumer, Geschichte der Pädagogik. 4 Bde. 3. Aufl. 1861.

K. Schmidt, Geschichte der Pädagogik. (4 Bde.) Bd. III u. IV Cöthen 1867/70.

Chr. Gottl. Schumann, Lehrbuch der Pädagogik. Hannover 1877.

L. Kellner, Erziehungsgeschichte in Skizzen und Bildern. Essen 1880.

Franc. Baconis De Verulamio Novum Organum Scientiarum. Lugd. Batav. A. 1650.

Kuno Fischer, Francis Bacon und seine Nachfolger. Leipzig 1875.

Leutbecher, Joh. Amos Comnenius Lehrkunst. Leipzig 1854.

Joh. Heinr. Kurtz, Lehrbuch der Kirchengeschichte. 2 Bde. Leipzig 1885.

Berichtigungen.

Seite 13 Zeile 6 von oben ist zu lesen werden statt wurden.
 * 56 * 12 * * * * *   Vocabularium statt Vocabilarium.
 * 87 * 5 * unten * * *   Magnum statt Nagnum.

www.ingramcontent.com/pod-product-compliance
Lightning Source LLC
Chambersburg PA
CBHW020123170426
43199CB00009B/618